Fı

LA DESCRIPTION ETHNOGRAPHIQUE

Sous la direction de
François de Singly

ARMAND COLIN

Derniers ouvrages du même auteur :

L'Ethnopsychiatrie, Paris, PUF, « Que sais-je ? », 1988.

La Table, le Livre et les Esprits (en collaboration avec Marion Aubrée), Paris, J.-C. Lattès, 1990.

Anthropologie de la maladie, Paris, Payot, 1992.

Un voyant dans la ville, Paris, Payot, 1993.

Transatlantique. Entre Europe et Amériques latines, Paris, Payot, 1994.

L'Anthropologie, Paris, Petite bibliothèque Payot, 1995.

Le Métissage (en collaboration avec Alexis Nouss), Flammarion, coll. « Dominos », 1997.

Je, nous et les autres, Paris, Le Pommier, 1999.

Métissages. De Arcimboldo à Zombi (en collaboration avec Alexis Nouss), Paris, Éd. J.-J. Pauvert, 2001.

Anthropologies latérales. Entretiens de Joseph Lévy avec François Laplantine, Montréal, Liber, 2002.

De tout petits liens, Paris, Les Mille et une nuits, 2003.

À paraître :

Le social et le sensible. Introduction à une anthropologie mondiale, Paris, Éd. Téraèdre.

François Laplantine est professeur d'ethnologie à l'Université de Lyon 2.

ISBN : 2-200 34110-5

Dans la même collection :

Série « L'Enquête et ses méthodes » :

18. François de Singly, *Le Questionnaire*
19. Alain Blanchet, Anne Gotman, *L'Entretien*
122. Daniel Bertaux, *Le Récit de vie*
137. Jean-Claude Kaufmann, *L'Entretien compréhensif*
210. Jean Copans, *L'Enquête ethnologique de terrain*
216. Anne-Marie Arborio, Pierre Fournier, *L'Observation directe*
299. Sophie Duchesne, Florence Haegel, *L'Entretien collectif*

Série « Domaines et approches des sciences sociales »

37. François de Singly, *Sociologie de la famille contemporaine*
41. Marcelle Stroobants, *Sociologie du travail*
46. Yves Grafmeyer, *Sociologie urbaine*
69. Philippe Adam, Claudine Herzlich, *Sociologie de la maladie et de la médecine*
88. Philippe Corcuff, *Les Nouvelles Sociologies*
98. Claudette Lafaye, *Sociologie des organisations*
99. Catherine Rollet, *Introduction à la démographie*
107. Jean-Manuel de Queiroz, *L'École et ses sociologies*
124. Jean Copans, *Introduction à l'ethnologie et à l'anthropologie*
209. Martine Segalen, *Rites et rituels contemporains*
236. Vincent de Briant, Yves Palau, *La Médiation*
239. Véronique Munoz-Dardé, *Rawls et la justice sociale*
240. Olivier Martin, *Sociologie des sciences*
247. Philippe Corcuff, *Les Grands Penseurs de la politique.*
260. Vincent Caradec, *Sociologie de la vieillesse et du vieillissement*
268. Michel Bozon, *Sociologie de la sexualité*
281. Pascal Duret, Peggy Roussel, *Le Corps et ses sociologies*
298. Laurent Berger, *Les Nouvelles Ethnologies*
303. Cyprien Avenel, *Sociologie des « quartiers sensibles »*

Série « Préparation aux examens et concours »

277. Claudine Herzlich, *Réussir sa thèse en sciences sociales*

SOMMAIRE

À Richard Pottier

INTRODUCTION

« Mets-toi devant un arbre
et décris le. »
FLAUBERT à MAUPASSANT

« Toute explication doit disparaître,
et seule la description
doit prendre sa place. »
WITTGENSTEIN

« Il s'agit de décrire et non pas
d'expliquer ni d'analyser. »
HUSSERL

« Il est essentiel de ne rien déduire
a priori : observer,
ne rien conclure. »
MAUSS

La spécificité de l'anthropologie n'est liée ni à la nature des sociétés étudiées (sociétés traditionnelles que l'on pourrait opposer aux sociétés « modernes ») ni à des « objets » particuliers (la religion, l'économie, la politique, la ville…) ni aux théories utilisées (marxisme, structuralisme, fonctionnalisme, interactionnisme…) mais à un projet : **l'étude de l'homme tout entier**, c'est-à-dire dans toutes les sociétés, sous toutes les latitudes, dans tous ses états et à toutes les époques. Or ce projet — l'étude la plus scientifique possible de la pluralité des cultures — est inséparable d'une méthode : non plus une réflexion abstraite et spéculative sur l'homme en général, mais l'observation directe de comportements sociaux particuliers à partir d'une relation humaine, la familiarité avec des groupes que l'on cherche à connaître en partageant leur existence.

Cette attitude d'imprégnation et d'apprentissage d'une culture qui n'est pas la mienne ou d'un segment de ma propre culture suppose une activité d'éveil qui mobilise la sensibilité de l'ethnologue, plus particulièrement la vue, et, plus précisément encore, nous le verrons, le regard. Activité d'observation, l'ethnographie est d'abord une activité visuelle ou, comme le disait Marcel Duchamp de la peinture, une « activité rétinienne ».

Mais la description ethnographique (qui signifie l'écriture des cultures), sans laquelle il n'y a pas d'anthropologie au sens contemporain du terme, ne consiste pas seulement à voir, mais à faire voir, c'est-à-dire à écrire ce que l'on voit. C'est un processus généralement implicite, tant il paraît aller de soi alors qu'il est d'une complexité inouïe. Procédant à la **transformation du regard en langage**, il exige, si nous voulons le comprendre, une interrogation sur les rapports du visible au dicible ou plus exactement du visible au lisible. La description ethnographique en tant qu'écriture du visible, met non seulement en jeu l'attention du chercheur (attention orientée, et aussi, nous y reviendrons, attention flottante) mais un souci tout particulier de vigilance à l'égard du langage, puisqu'il s'agit de faire voir avec des mots, lesquels ne peuvent être interchangeables, tout particulièrement lorsque l'on se fixe pour objectif de rendre compte de la manière la plus minutieuse de la spécificité des situations, chaque fois inédites, à laquelle on est confronté.

C'est dans la description ethnographique que se jouent les qualités d'observation, de sensibilité, d'intelligence et d'imagination scientifique du chercheur. C'est là que l'on attend l'ethnologue (= celui qui fait émerger la logique propre à telle culture). C'est enfin à partir de ce voir organisé dans un texte que commence à s'élaborer un savoir : le savoir caractéristique des anthropologues.

Si la description en tant qu'activité indistinctement visuelle et linguistique n'a, à notre connaissance, jamais été pensée comme telle par les ethnographes, alors qu'elle est pourtant la catégorie principale de l'ethnographie, c'est qu'elle appelle pour être comprise, une pluralité d'approches que l'anthropologie — qui n'est pas une discipline autosuffisante mais ouverte — se doit de fréquenter : les sciences naturelles, la peinture, la photographie, la phénoménologie, l'herméneutique, la théorie de la traduction, les sciences du langage, mais aussi la littérature qui n'est rien d'autre que le plein exercice du langage.

L'indissociabilité de la construction d'un savoir (anthropologie) à partir du voir et d'une écriture du voir (ethnographie) n'a rien d'une donnée immédiate ou d'une expérience transparente. C'est une entreprise au contraire extrêmement problématique qui suppose que nous soyons capables d'établir des relations entre ce qui est généralement tenu pour séparé : la vision, le regard, la mémoire, l'image et l'imaginaire, le sens, la forme, le langage.

Si personne n'est aujourd'hui évidemment en mesure de maîtriser ces différents domaines, nous devons tous, néanmoins, essayer d'avoir conscience de ce que nous faisons lorsque nous utilisons le terme de description et plus précisément de description ethnographique, lorsque nous lisons des textes descriptifs et *a fortiori* lorsque, dans le champ des sciences sociales, nous nous préparons à une telle activité ou que nous l'exerçons.

1

L'ETHNOGRAPHIE COMME ACTIVITÉ PERCEPTIVE : LE REGARD

« Un historien peut être sourd, un juriste aveugle, un philosophe peut à la limite être les deux, mais il faut que l'anthropologue entende ce que les gens disent et voie ce qu'ils font. »
Raymond FIRTH

Si la spécificité de la démarche anthropologique par rapport aux autres disciplines qui forment les sciences sociales ne saurait être confondue avec la nature des premières sociétés étudiées par les ethnologues (les sociétés extra-européennes), elle ne peut être dissociée d'un mode de connaissance particulier qui a été élaboré à partir de ces sociétés : l'observation rigoureuse, par imprégnation lente et continue, de groupes humains minuscules avec lesquels nous entretenons un rapport personnel.

Seule la distance par rapport à la société dont nous sommes originaires — mais une distance qui peu à peu nous fait devenir extrêmement proche de ce qui nous était lointain — nous permet d'effectuer cette découverte : ce que nous tenions « chez nous » pour naturel, en particulier la langue que nous parlons, à travers laquelle se forme notre pensée, est en fait culturel. D'où la nécessité, dans la formation anthropologique, de ce que je n'hésiterai pas à appeler le dépaysement, l'étonnement provoqué par les cultures qui nous sont les plus éloignées, et dont la rencontre va entraîner une modification du regard que l'on portait sur soi. Rivés, en effet, à une seule culture, nous sommes non seulement aveugles à celles des autres, mais myopes quand il s'agit de la nôtre. L'expérience de l'altérité (et l'élaboration de cette expérience) nous engage à voir ce que nous n'aurions même pas pu imaginer, tant notre attention a du mal à se fixer sur tout ce qui nous est tellement habituel que nous finissons par estimer que « cela va de soi ». Nous sommes tous en effet tributaires des conventions de notre époque, de notre culture et de notre milieu social qui, à notre insu, nous désigne : 1° ce qu'il faut regarder, 2° comment il faut regarder[1].

L'acte de voir, informé par des modèles (voire des modes) culturels, est étroitement lié à celui de prévoir et de revoir, et la connaissance n'est souvent rien d'autre dans ces conditions qu'une reconnaissance de ce que l'on savait déjà. Voir, c'est la plupart du temps, par mémorisation et anticipation, espérer trouver ce que nous attendons et non ce que nous ignorons ou redoutons, à tel point qu'il peut nous arriver de ne pas croire à ce que nous avons vu (c'est-à-dire à ne pas voir) si cela ne correspond pas à notre attente. Comme l'écrit Pierre Francastel, « on ne voit que ce que l'on connaît, ou du moins ce que l'on peut intégrer à un système cohérent[2] ».

Progressivement, la distance des sociétés qui ne sont pas les nôtres nous permet de nous apercevoir de ce qui dans les nôtres était jusqu'alors inaperçu (les différentes manières dont les chiens, les chats, les oies, les canards, les dindons traversent une route lorsqu'arrive une voiture, le carrelage gris et mauve de la cuisine, les arabesques du balcon en fer forgé, le bruit d'un cube de glace heurtant le cristal, l'odeur du chèvrefeuille mouillé, le frottement des tuiles que l'on déplace sur le toit...) et de réaliser que le moindre de nos comportements (gestes, mimiques, postures, réactions affectives) n'a vraiment rien de « naturel ». Nous commençons alors à nous étonner de nous-mêmes, à nous épier. La connaissance anthropologique de notre culture passe inéluctablement par la connaissance des autres cultures et nous conduit

1. Par exemple, l'œil occidental — occidentalisé, occidentalisant — reste très lié à une géométrisation de l'espace et demeure rebelle aux formes « désordonnées » et arrondies. Il a de la difficulté à concevoir la ligne courbe autrement que comme un écart par rapport à la ligne droite. Je me permets de renvoyer sur ce point à des observations que j'ai personnellement effectuées au Brésil (F. Laplantine, *Transatlantique. Entre Europe et Amériques latines*, Paris, Payot, 1994), société visuelle s'il en est, dans laquelle la communication quotidienne est ponctuée par de nombreux *veja* (vois) ou *olha* (regarde) utilisés là ou nous aurions plutôt tendance à dire : *tu sais*.
2. Pierre Francastel, *Études de sociologie de l'art*, Paris, Denoël/Gonthier, 1970, p. 60.

notamment à reconnaître que nous sommes une culture possible parmi tant d'autres, mais non la seule.

Cette révolution épistémologique, qui implique un décentrement radical, un éclatement de l'idée qu'il existe un « centre du monde » et corrélativement un élargissement du savoir et une mutation de soi-même, n'est possible qu'à partir d'une révolution du regard. C'est seulement en effet l'expérience de la découverte sensorielle de l'altérité à travers une relation humaine qui nous permet de ne plus identifier notre province de l'humanité à l'humanité et corrélativement de ne plus rejeter le présumé « sauvage » hors de nous-même.

Cette expérience, à vrai dire étrange, qui consiste à nous étonner de ce qui nous est le plus familier (ce que nous vivons quotidiennement dans la société dans laquelle nous sommes nés) et à rendre plus familier ce qui nous paraissait originellement étrange et étranger (les comportements, les croyances, les coutumes des sociétés qui ne sont pas les nôtres, mais dans lesquelles nous aurions pu naître) est l'expérience même de l'ethnographie ou, comme l'on dit encore, du terrain (cf. encadré page suivante).

C'est une activité résolument perceptive, fondée sur l'éveil du regard et la surprise que provoque la vision, cherchant, dans une approche délibérément microsociologique, à observer le plus attentivement possible tout ce que l'on rencontre, y compris et peut être même surtout les comportements en apparence les plus anodins, « les aspects accessoires du comportement », « certains petits incidents » (Malinowski, 1993, p. 77), les gestes, les expressions corporelles, les usages alimentaires, les silences, les soupirs, les sourires, les grimaces, les bruits de la ville et les bruits des champs.

Le dernier point nous amène à préciser 1° une distinction que nous n'avons pas effectué jusqu'à maintenant : voir et regarder ; 2° le caractère résolument charnel du regard.

La notion de terrain

Elle n'est pas à proprement parler assimilable à la notion de description ethnographique et exige quelques précisions. Tous ceux qui ont participé à la fondation puis à la maturation de notre discipline, somme toute encore très jeune, ont insisté à juste titre sur le fait que la présence de l'ethnologue sur le terrain (« aller voir sur place », « y être allé » et y revenir souvent) est la seule voie d'accès au mode de connaissance que nous poursuivons. Ainsi Claude Lévi-Strauss qualifie-t-il le terrain de « révolution intérieure qui fera du candidat à la profession anthropologique un homme nouveau ». Georges Condominas écrit quant à lui qu'il est le « moment le plus important de notre vie professionnelle », « notre rite de passage » qui « transforme chacun d'entre nous en véritable anthropologue ». Trois remarques ici s'imposent :

1° André Breton avait déjà perçu à son époque que, dans la bouche des ethnologues, le signifiant « terrain » revêt une très grande solennité.

2° De même qu'avoir effectué vous-même une cure analytique ne garantit pas que vous puissiez devenir un jour psychanalyste, de même des séjours prolongés passés au contact d'une société que vous cherchez à comprendre ne fera pas de vous, *ipso facto*, un ethnologue, mais c'est une condition nécessaire.

3° Si le rapport de l'ethnologue à son terrain s'exprime souvent à travers une relation amoureuse ou du moins de tendresse affective (on évoquera Griaule et les Dogons, Leenhardt et les Canaques, Margaret Mead et les femmes océaniennes, Michel Leiris ou Jean Rouch en Afrique, Jacques Berque dans le monde arabe ou encore Roger Bastide au Brésil, lequel écrivait : « pour faire de la bonne sociologie, il faut d'abord aimer les hommes »), le terrain peut être aussi source d'affrontements et de conflits. Robert Lowie, à propos duquel Lévi-Strauss nous dit qu'« il n'y a pas d'œuvre plus objective, plus calme et plus sereine que la sienne », n'éprouvait vraiment aucune sympathie pour les Indiens Hopi, Colin Turnbull détestait les Iks (*Un peuple de fauve*, Stock, 1973), Georges Devereux n'appréciait pas particulièrement la culture Sedang-Moï, etc.

1. Voir et regarder

Dans la langue quotidienne, le mot *voir* qui, notons-le, signifie toujours ce qui est devant, est utilisé pour désigner un contact immédiat avec le monde qui ne nécessite aucune préparation, aucun entraînement, aucune scolarité. Pour voir l'éclair ou l'arc-en-ciel ou encore la petite Sophie qui vient de faire une chute de vélo et qui paraît inconsolable, il n'est nul besoin d'avoir séjourné à l'Université. Voir, c'est recevoir des images[1].

La perception ethnographique n'est pas, quant à elle, de l'ordre de l'immédiateté de la vue, de la connaissance fulgurante de l'intuition, mais de la vision (et par conséquent de la connaissance) médiatisée, distancée, différée, réévaluée, instrumentée (stylo, magnétophone, appareil photographique, caméra…) et, dans tous les cas, retravaillée dans l'écriture. Voir immédiatement le monde tel qu'il est, dont le corollaire consisterait à décrire exactement ce qui apparaît sous les yeux, ce ne serait pas voir vraiment, mais croire, et croire notamment dans la possibilité d'éliminer la temporalité. Ce serait revendiquer une stabilité illusoire du sens de ce que l'on voit et dénier à la vue et au visible son caractère inéluctablement changeant.

Cette idée, ou plutôt comme l'on dit aussi cette « vue de l'esprit » d'une vision saturée et satisfaite, d'une évidence béate d'un monde ou d'une micro-société sans histoire dans tous les sens du terme, qui pourrait être saisie dans la répétition du visuel et la reproduction du langage, est le contraire du regard de l'ethnographe : **un regard** si ce n'est inquiet, du moins questionnant, **qui part à la recherche de la signification des variations**. C'est la raison pour laquelle il convient sans doute maintenant de différencier deux termes dont l'un est sans doute mieux qualifié que l'autre pour désigner l'entreprise ethnographique : *voir* et *regarder*.

1. Notons que le signifiant *voyant* est réservé en français pour désigner un nombre très limité d'êtres humains. Le voyant est celui qui voit ce qui n'est pas « devant », mais « dedans », c'est-à-dire ce qu'à première vue les autres ne voient pas ou ce qui n'est pas immédiatement visible pour tous : l'invisible. Nous reviendrons sur cette question lorsque nous étudierons le rapport de la description ethnographique et de la peinture. Cf. aussi sur ce point F. Laplantine, *Un voyant dans la ville. Étude anthropologique d'un cabinet de consultation d'un voyant contemporain*, Paris, Payot, 1993.

Regarder est un mot qui a été forgé au Moyen Âge et dont le sens nous parvient encore aujourd'hui : regarder, c'est garder, prendre garde à, prendre soin de, manifester de l'égard à, prêter attention, considération, veiller. Le regard s'attarde sur ce qu'il voit. Il consiste, selon l'expression de François Fédier (1995), en une « intensification du premier voir ». Mais si la perception ethnographique est bien de l'ordre du regard plus que de la vue, il ne s'agit pas de n'importe quel regard. C'est la capacité de bien regarder et de tout regarder, en distinguant et en discernant ce que l'on voit, qui est ici mobilisée et cet exercice — à l'opposé de ce que l'on perçoit « en un clin d'œil », de ce qui « saute aux yeux », nous « frappe »… — suppose cette fois un apprentissage.

Notons cependant que le regard ethnographique ne peut se confondre avec le regard parfaitement contrôlé, éduqué, lesté de références occidentalisantes, qui consisterait à fixer et à scruter son objet comme un vautour sa proie et qui accentuerait en quelque sorte l'acception médiévale de regarder = mettre sous garde, qui est celle également du droit de regard = droit de contrôle. Le travail ethnographique qui n'est pas tout à fait identique à l'« enquête » sociologique (les termes même d'« enquête », « enquêter », « interroger », obtenir des « informations » ayant une connotation fortement juridico-policière) suppose un regard qui ne saurait être ni désinvolte ni crispé. D'où la nécessité de redonner aussi toute sa place à une attitude de dérive (évidemment provisoire) de disponibilité et d'attention flottante qui « ne consiste pas seulement » comme le dit Affergan (1987, p. 143) « à être attentif, mais aussi et surtout à être inattentif, à se laisser approcher par l'inattendu et l'imprévu ».

« Bâton lâche » et « bâton rigide »

« Niels Bohr a montré dans quelle mesure le dispositif expérimental détermine le lieu de la démarcation [entre le sujet et l'observateur], en analysant une expérience simple : l'exploration d'un objet au moyen d'un bâton. Si le bâton est fermement tenu, il devient un prolongement de la main ; le lieu de la démarcation se trouve donc à l'"autre" extrémité du bâton (celle qui est la plus éloignée). S'il est tenu de façon lâche, du point de vue de la perception il n'est pas une partie de l'observateur ; la démarcation se situe donc à "cette" extrémité-ci du bâton (celle qui est la plus proche).

Bien que Bohr n'ait pas mené plus loin son analyse de cette expérience, il importe à la fois à la logique et à la psychologie que la non-coïncidence de ces deux démarcations soit due au fait que l'expérience du bâton fermement tenu fournit principalement des données kinesthésiques, alors que celle du bâton lâchement tenu fournit surtout des données tactiles.
[...] Dans l'exemple de Bohr, le bâton tenu fortement fait moins partie de l'objet que de l'observateur. Tenu mollement, il fait davantage partie de l'objet que de l'observateur. Ces deux façons de tenir le bâton constituent un paradigme de toute expérience et observation en science du comportement. Toute expérience qui ne laisse au sujet aucun choix conscient ni aucun moyen de réfléchir sur le comportement, qui n'inclut pas, au moins en principe, les notions de choix conscient et de conscience, correspond à l'expérience du bâton fermement tenu. Les expériences qui permettent un choix conscient et où l'observateur est libre de penser que le comportement de son sujet reflète ou implique un choix conscient, correspond à l'expérience du bâton tenu mollement.
Toutes les expériences des sciences du comportement sont soit du type "bâton rigide", soit du type "bâton lâche". La manière dont on tient le bâton est déterminée par les théories qu'on a, et qui sont, à leur tour, radicalement influencées par elle. Les expériences du type "bâton rigide" fournissent généralement des informations du genre que William James appelle "connaissance concernant" (*knowledge about*), celles du type "bâton lâche" fournissent une information du genre "familiarité avec" (*acquaintance with*). Guthrie, en psychologie, et White, en ethnologie, sont des chercheurs du type "bâton rigide" ; Freud, Tolman, Linton, Mead, Lévi-Strauss et La Barre sont des chercheurs du type "bâton lâche". »

Georges Devereux, *De l'angoisse à la méthode dans les sciences du comportement*, 1980, pp. 383-385 et 390.

2. Corps et regard

La description ethnographique est loin de se limiter à une perception exclusivement visuelle. Elle mobilise la totalité de l'intelligence et de la sensibilité du chercheur, mieux de sa sensualité, et le conduit à travers la vue, l'ouïe, l'odorat, le toucher et le goût à s'attarder sur les différentes sensations rencontrées, à les détailler minutieusement. Cela implique que l’écriture ethnographique ne devra pas seulement être attentive aux formes et aux couleurs (la droite, le cercle, la spirale, le croisé, le rayé, le bariolé, le rouge, le bleu, le rose tendre, le jaune délavé, le vert pâle ou encore toutes les nuances du gris et du grisâtre), mais au doux et au rugueux, au strident, à l’aigu, au grave, au consonant, au dissonant, au sec et à l’humide, à l’âcre, à l’amer, au pimenté, au poivré, au salé, au sucré, etc. C’est notamment par l’apprentissage de la langue et de la cuisine que nous pouvons avoir accès à la spécificité d’une société que nous découvrons pour la première fois et que nous avons l’intention d’étudier.

Si regarder consiste en une réitération de ce qui est **devant**, la visibilité comme forme première de la connaissance est une visibilité qui nous touche en même temps que nous touchons ce que nous percevons. C’est une visibilité non seulement optique mais tactile, olfactive, auditive et gustative qui nous conduit à ne plus opposer le « devant » et le « derrière », le « dehors » et le « dedans », mais à comprendre la nature des liens qui relient un « devant » que nous incorporons et un « dedans » à partir duquel s’effectue l’activité sensitive, mais aussi intellectuelle. Par exemple, Anne Sauvageot nous montre que dans la Grèce antique le regard est un acte « plus tactile qu’à proprement parler optique » (1994, p. 41) dans lequel l’œil va « palper, en quelque sorte, les objets à distance » (p. 38). Ce qui peut être rapproché des recherches effectuées par Margaret Mead et Clifford Geertz à Bali. Geertz : « Employer pour la perception le vocabulaire de la vision (voir, observer, etc.) est chose “naturelle” aux Européens, mais ici [à Bali], c’est une occasion de s’abuser plus que d’habitude. Les Balinais suivent les phases du combat [de coq] tout autant (et peut-être plus, car il est assez difficile de voir des coqs autre chose que mouvement confus et brouillé) avec leurs corps qu’avec leurs yeux, agitant membres, tête, torse pour mimer par gestes les manœuvres des coqs. C’est dire que l’individu reçoit pour l’essentiel une impression kinesthésique plutôt que visuelle du combat » (1983, p. 213). Nous construisons ce que nous regardons à mesure que ce que nous regardons nous constitue, nous affecte et finit par nous transformer. C’est tout le sens du long monologue de Stephen Dedalus au début de l’*Ulysse* de Joyce, qui s’ouvre par « Inéluctable modalité du visible » (*Inéluctable modality of the visible*), se termine par

« Fermons les yeux pour voir » (*Shut your eyes and see*) et au cours duquel le personnage affirme que ce qui « est pensé est pensé à travers mes yeux » (*though through my eyes*[1]).

Le philosophe et sociologue Oswald Spengler, dans *Le Déclin de l'Occident*, parle d'un « œil charnel », mais c'est Merleau-Ponty qui le premier, en rupture avec toute notre tradition intellectualiste de la « représentation »[2], a montré à quel point le regard était regard du corps, engageant le corps tout entier et s'effectuant à travers et à partir de ce dernier.

Le regard charnel

« Il faut nous habituer à penser que tout visible est taillé dans le tangible, tout être tactile promis en quelque manière à la visibilité, et qu'il y a empiétement, enjambement, non seulement entre le touché et le touchant, mais aussi entre le tangible et le visible qui est incrusté en lui, comme, inversement, lui-même n'est pas un néant de visibilité, n'est pas sans existence visuelle. Puisque le même corps voit et touche, visible et tangible appartiennent au même monde. C'est une merveille trop peu remarquée que tout mouvement de mes yeux — bien plus, tout déplacement de mon corps — a sa place dans le même univers visible que par eux je détaille et j'explore, comme, inversement, toute vision a lieu quelque part dans l'espace tactile. »

Maurice Merleau-Ponty, *Le Visible et l'Invisible*, 1993, p. 177.

1. James Joyce, *Ulysse I*, Paris, Gallimard/Folio, 1981, p. 56.
2. Ce que l'on appelle « représentation » puis « système de représentations » constitue une rationalisation, d'ailleurs historiquement extrêmement tardive du regard, qui consiste chez les Occidentaux, et seulement chez les Occidentaux, à valoriser la conception et l'abstraction au détriment de la sensation, la raison (ou du moins une certaine conception de la raison) au détriment de la vision. Il n'empêche qu'à une époque où tout est qualifié de « représentations » — surtout dans les sciences sociales —, nous parlons encore de « visions du monde ».

3. EXPÉRIMENTATION *IN VITRO* ET EXPÉRIMENTATION *IN VIVO*

Les anthropologues estiment que la connaissance des êtres humains ne peut être menée à la manière du botaniste examinant la fougère ou du zoologue observant le crustacé, mais en communiquant avec eux et en partageant leur existence d'une manière durable, ce qui s'oppose au reportage du journaliste, au coup d'œil en passant qui peut être celui du voyageur et même au « contact » qui peut être pris par l'intermédiaire d'« informateurs » (terme et surtout pratique avec laquelle il convient de renoncer).

Le travail de l'ethnographe ne consiste pas seulement, dans ces conditions, par une méthode strictement inductive, à collecter une moisson d'informations, mais à s'imprégner des thèmes obsessionnels d'une société, de ses idéaux, de ses angoisses. **L'ethnographe est celui qui doit être capable de vivre en lui la tendance principale de la culture qu'il étudie**. Si, par exemple, la société a des préoccupations religieuses, il doit lui-même prier avec ses hôtes. « Quand je suis arrivé en pays Zandé, écrit Evans-Pritchard, la sorcellerie ne m'intéressait pas, mais elle intéressait les Zandé : j'avais donc à me laisser guider par eux. Quand je suis allé chez les Nuers, je ne m'intéressais pas particulièrement au bétail, mais eux, oui, si bien que, bon gré mal gré, j'avais à m'y intéresser aussi. Il me fallait éventuellement acquérir un troupeau personnel pour que l'on m'accepte ou du moins qu'on me tolère » (texte cité et traduit par Jeanne Favret-Saada, 1994, p. 31).

Une acculturation à l'envers

Ainsi l'ethnographie est-elle d'abord l'expérience physique d'une immersion totale, consistant dans une véritable acculturation à l'envers, où, loin de seulement comprendre une société dans ses manifestations « extérieures » (Durkheim), je dois l'intérioriser dans les significations que les individus eux-mêmes attribuent à leurs comportements. C'est cette appréhension de la société telle qu'elle est perçue du dedans par les acteurs sociaux avec lesquels j'entretiens un rapport direct (appréhension qui n'est pas du tout exclusive de la mise en évidence de ce qui leur échappe, mais qui, au contraire, fraye la voie à cette étape ultérieure de la recherche) qui distingue essentiellement la pratique ethnologique — pratique du terrain — de la pratique de l'historien ou du sociologue. L'historien en effet, s'il vise, comme l'ethnologue, à rendre compte le plus scientifiquement possible de l'altérité à laquelle il est confronté, n'entre jamais en contact avec les hommes et les femmes des sociétés qu'il étudie. Il recueille et analyse des témoignages. Il ne rencontre jamais de témoins vivants. Quand à la sociologie, du moins dans ses principales tendances (la triple matrice marxiste, durkheimienne et weberienne dans laquelle elle s'est constituée), elle s'écarte sensiblement de la démarche de l'ethnologue sous l'angle qui retient ici notre attention. C'est lorsque ce dernier prétend à la neutralité absolue, lorsqu'il croit avoir recueilli des faits « objectifs », lorsqu'il élimine des résultats de sa recherche tout ce qui a contribué à y accéder et qu'il gomme soigneusement les traces de son implication personnelle dans l'objet de son étude, qu'il risque le plus de s'écarter du type d'objectivité (nécessairement approchée) et du mode de connaissance spécifique de sa discipline : l'appréhension, mieux la construction de ce que Marcel Mauss a appelé le « phénomène social total » qui suppose **l'intégration de l'observateur dans le champ même de l'observation**.

S'il est possible, et même nécessaire, de distinguer celui qui observe et celui qui est observé, il me paraît en revanche exclu (*a fortiori* si l'on prétend faire œuvre scientifique) de les dissocier. Nous ne sommes jamais des témoins objectifs observant des objets, mais des sujets observant d'autres sujets au sein d'une expérience dans laquelle l'observateur est lui-même observé. Si être, c'est percevoir, c'est aussi, comme l'a dit Berkeley, « être perçu ». Ce serait une ruse pour l'ethnologue de chercher à échapper à ce cercle dans lequel il se doit au contraire d'entrer délibérément, ce qu'exprime bien Merleau-Ponty lorsqu'il écrit : « je suis voyant-visible ». L'idéal qui est ici visé, c'est de passer des regards croisés aux regards partagés, consistant dans une attitude de rupture avec une conception asymétrique de la science fondée sur la captation d'informations par un observateur absolu qui surplomberait la réalité étudiée, mais n'en ferait pas partie. Il n'existe pas d'ethnographie sans confiance et sans échange, ce qui suppose un itinéraire au cours duquel les partenaires en présence arrivent à se convaincre réciproquement de ne pas laisser perdre des formes de pensées et d'activités uniques.

C'est Malinowski qui, l'un des tous premiers, nous a montré que l'on commence à s'intégrer et à comprendre la société que l'on se propose d'étudier « à partir du moment où [l'on se] trouve seul » (1993, p. 62) et où l'on partage les activités économiques, les joies — en particulier les jeux — et les peines de la population.
« Imaginez-vous soudain, débarquant, entouré de tout votre attirail, seul sur une grève tropicale, avec, tout à côté, un village d'indigènes, tandis que l'embarcation qui vous a amené cingle au large pour bientôt disparaître. Puisque vous vous installez dans un secteur réservé aux Blancs, avec pour voisin un commerçant ou un missionnaire, vous n'avez rien à faire et pouvez commencer aussitôt votre travail d'ethnographe. Imaginez encore que vous soyez débutant, dépourvu d'expérience préalable, sans rien pour vous guider ni personne pour vous aider. Il se fait que le Blanc est temporairement absent, ou bien indisponible, ou peu désireux de perdre son temps avec vous. Ceci correspond point par point à ma première initiation sur le terrain, sur la côte sud de la Nouvelle-Guinée. Je me souviens fort bien des longues visites que je rendis dans les villages au cours des premières semaines ; de ma sensation de désespoir et d'accablement après que plusieurs tentatives, obstinées mais vaines, pour entrer en contact réel avec les indigènes ou pour rassembler quelque matériau, eurent totalement échoué. Je connus des périodes de découragement au cours desquelles je me plongeai dans la lecture de romans, un peu comme un homme se met à boire sous l'effet de l'ennui et de la dépression dus au climat tropical. »

Bronislaw Malinowski, *Les Argonautes du Pacifique occidental*, 1993, p. 60.

Dans le champ de l'anthropologie contemporaine, les deux exemples les plus souvent cités à cet égard sont ceux de Clifford Geertz (1983) et de l'expérience plus récente de Jeanne Favret-Saada (1984).
Geertz se trouve dans un village de Bali depuis une dizaine de jours, isolé, dans l'indifférence générale, en position d'« intrus professionnel ». Participant à une séance de combat de coqs interdite, il est pris dans une rafle de police. Cet incident 1° lui « vaut d'être admis sur le champ — et, chose

inhabituelle, complètement — dans une société dont l'accès est suprêmement difficile » ; 2° lui fournit l'objet de ce qui va devenir son étude : « C'est en apparence seulement que des coqs se battent ici. En réalité, ce sont des hommes. »
Jeanne Favret-Saada montre qu'elle n'a véritablement commencé à observer la sorcellerie qu'à partir du moment où elle s'est trouvée « prise dans les sorts ».
Deux autres exemples me paraissent encore plus ostensiblement révélateurs de ce degré de participation de l'anthropologue à la réalité sociale qu'il cherche à comprendre.
1. Le premier est celui de la toute première mission que Griaule effectue en Éthiopie en 1928-1929. L'Éthiopie (qu'on appelle alors Abyssinie) est en pleine effervescence. L'ethnologue est résolument impliqué dans l'affrontement qui se prépare avec l'Italie. Il va même jusqu'à choisir son camp : celui d'un prince d'Abyssinie, le ras Haïlou.
2. Un second exemple va encore plus loin dans le sens de l'implication. Il concerne les aventures d'Evans-Pritchard alors qu'il est auxiliaire militaire au Soudan au début de la Seconde Guerre mondiale et qu'il mène une opération sur Okobo. Sa colonne, précédée par le drapeau de l'Union Jack, attaque le quartier général italien d'Agenga, défendu par plusieurs centaines de soldats. À la tête d'un bataillon de quinze Anuak, il le prend d'assaut et détruit plusieurs villages. Il revient fatigué, amaigri de vingt kilos, blessé, malade de cette expédition qui lui a permis, c'est le moins qu'on puisse dire, l'accès à la culture anuak.

Nous n'observons jamais les comportements d'un groupe tels qu'ils auraient lieu si nous n'étions pas là ou si les sujets de l'observation étaient d'autres que nous. De plus, si l'ethnographe perturbe une situation donnée, et même crée une situation nouvelle, due à sa présence, il est à son tour éminemment perturbé par cette situation. Ce que vit le chercheur, dans sa relation à ses interlocuteurs (ce qu'il refoule ou ce qu'il sublime, ce qu'il déteste ou ce qu'il chérit), fait partie intégrante de sa recherche. Ainsi l'anthropologie est-elle aussi la science des observateurs susceptibles de s'observer eux-mêmes, et cherchant à ce qu'une situation d'interaction

sublime = والا
برتر
استثنای

(toujours particulière) devienne la plus consciente possible. C'est vraiment le moins que l'on puisse exiger de celui qui exerce cette activité.

Or, paradoxalement, **le retour de l'observateur dans le champ de l'observation** ne s'est pas effectué par la voie des sciences humaines ni même de la philosophie, mais par le biais de la physique moderne qui réintègre la réflexion sur le sujet de l'activité perceptive comme condition de possibilité de l'activité scientifique elle-même. Heisenberg a montré que l'on ne pouvait observer un électron sans créer une situation qui le modifie. Il en tira en 1927 son fameux « principe d'incertitude », qui le conduisit à réintroduire le physicien dans l'expérience même de l'observation physique. Déjà au XVIIe siècle, Velasquez — dans *Les Ménines* — avait réintégré le peintre dans l'espace même de la peinture. Au début du XXe siècle, et, notons-le, pratiquement à la même époque que Heisenberg, Freud, en rupture totale avec la psychiatrie classique, comprenait pourquoi le thérapeute (et avec lui tous ses affects) se devait d'être réintégré dans le cadre de la thérapie. Mais c'est Georges Devereux qui, le premier à notre connaissance (en 1938), montra quel enseignement l'ethnologue pouvait tirer de ce principe commun à la physique quantique et à la psychanalyse.

La perturbation que l'ethnologue impose par sa présence à ce qu'il observe et qui le perturbe lui-même, loin d'être considérée comme un obstacle épistémologique qu'il conviendrait de neutraliser, est une source infiniment féconde de connaissance. S'inclure non seulement socialement, mais subjectivement fait partie de l'objet scientifique que nous cherchons à construire, ainsi que du mode de connaissance caractéristique du métier d'ethnologue. L'analyse, non seulement des réactions des autres à la présence de ce dernier, mais de ses réactions aux réactions des autres, est l'instrument même susceptible de procurer à notre discipline des avantages scientifiques considérables, pour peu que l'on sache en tirer parti.

Un observateur engagé

« Parler en sorcellerie, ce n'est jamais pour informer. Ou si l'on informe, c'est pour que celui qui doit tuer (le désenvoûteur) sache où faire porter ses coups. Il est littéralement incroyable d'informer un ethnographe, c'est-à-dire quelqu'un qui assure ne vouloir faire aucun usage de ces informations, qui demande naïvement à savoir pour savoir. Car c'est une parole (et seulement une parole) qui noue et dénoue le sort, et quiconque se met en position de la dire est redoutable. [...] Autant dire qu'il n'y a pas de position neutre de la parole : en sorcellerie, la parole, c'est la guerre. Quiconque en parle est un belligérant et l'ethnographe comme tout le monde. Il n'y a pas de place pour un observateur non engagé. [...] Avant qu'il n'ait prononcé un mot, l'ethnographe est inscrit dans un rapport de forces, au même titre que quiconque prétend parler. Qu'il parle, et son interlocuteur cherche avant tout à identifier sa stratégie, à mesurer sa force, à deviner s'il est ami ou ennemi, s'il faut l'acheter ou le détruire. Comme à n'importe quel locuteur, c'est à un *sujet supposé pouvoir* (un sorcier, un désenvoûteur) *ou ne pas pouvoir* (une victime, un ensorcelé) qu'on s'adresse lorsqu'on parle à l'ethnographe.

On voit qu'il ne s'agit pas exactement d'une situation classique d'échange d'informations, dans laquelle l'ethnographe pourrait espérer se faire communiquer un savoir innocent sur les croyances et les pratiques de sorcellerie. Car qui parvient à les connaître acquiert un pouvoir et subit les effets de ce pouvoir : plus on sait, plus on est menaçant et plus on est menacé magiquement. Tant que j'ai occupé la place ordinaire de l'ethnographe, celle de qui prétend désirer savoir pour savoir, mes interlocuteurs s'intéressaient moins à me communiquer leur savoir qu'à mesurer le mien, à deviner l'usage nécessairement magique que j'entendais en faire, à développer leur "force" au détriment de la mienne.

Il m'a donc fallu tirer les conséquences d'une situation si totalement agonistique et reconnaître l'absurdité qu'il y aurait à continuer de revendiquer une neutralité qui n'était admissible, ni même crédible, pour personne. Quand la parole, c'est la guerre totale, il faut bien se résoudre à pratiquer une autre ethnographie. »

Jeanne Favret-Saada, *Les Mots, la Mort, les Sorts*, 1994, pp. 26-30.

2

L'ETHNOGRAPHIE COMME ACTIVITÉ LINGUISTIQUE : L'ÉCRITURE

« La tâche que je m'efforce d'accomplir consiste, par le seul pouvoir des mots écrits, à vous faire entendre, à vous faire sentir, et avant tout à vous faire voir. Cela et rien d'autre, mais c'est immense. »
Joseph CONRAD, *Le Nègre du « Narcisse »*

1. LA TRANSFORMATION DU REGARD EN ÉCRITURE : L'ORGANISATION TEXTUELLE DU VISIBLE

Les capacités d'observation et d'implication que l'on attend d'un ethnologue ne concernent pas seulement le fait de voir et de comprendre ce que l'on voit, mais de le faire voir. Lorsque l'on voit, lorsque l'on regarde, et *a fortiori* lorsque l'on cherche à montrer aux autres ce que l'on a vu et regardé, c'est avec des mots, avec des noms. L'activité de la perception n'est guère séparable dans ces conditions d'une activité de nomination. Mais cette dernière est en elle-même encore insuffisante. Si l'on s'en tenait en effet à l'observation, fût-elle la plus rigoureuse possible, et à la nomination orale la plus précise, très vite, de ce qui a été vu et de ce qui a été dit, il ne resterait plus qu'un souvenir vague. Sans l'écriture, le visible resterait confus et désordonné. L'ethnographie, c'est précisément l'élaboration et, nous le verrons, la transformation scripturale de cette expérience, c'est l'organisation textuelle du visible dont l'une des fonctions majeures est aussi la lutte contre l'oubli. Comprendre les processus et les conditions de l'observation ethnographique, comme nous avons commencé à l'esquisser au chapitre précédent, n'est certainement pas chose facile. Mais nous ne pouvons en rester à la question de ce que l'on voit. Nous n'avons parcouru jusqu'à maintenant que la moitié du chemin.

Si l'observation ethnographique est un rapport entre les objets, les êtres humains, les situations et les sensations provoquées chez le chercheur, la description ethnographique est donc l'élaboration linguistique de cette expérience. C'est bien la perception ou plutôt le regard qui déclenche l'écriture de la description, mais cette dernière consiste moins à transcrire qu'à construire, c'est-à-dire à établir une série de relations entre ce qui est regardé et celui qui regarde, l'oreille qui écoute, la bouche qui prononce une série de noms et maintenant la main qui écrit, qui doit à son tour **se déshabituer à tenir pour naturel ce qui est culturel** : les mots qui vont être recherchés pour faire voir à d'autres que moi le caractère chaque fois singulier de ce que j'ai observé.

Les capacités d'observation sont loin de ne concerner que ce qui est visible. Il s'agit cette fois du langage lui-même, et l'ethnographe, c'est-à-dire celui qui s'efforce de transformer le regard en écriture, doit alors se défier des clichés, des stéréotypes, de tous ces dépôts et ces sédimentations culturelles qui sont celles de la réduction répétitive de l'autre à l'identique. C'est l'une des leçons que l'on peut tirer notamment de la lecture de Paul Valéry qui, dans *Degas Danse Dessin*, nous invite à « oublier les noms des choses que l'on voit[1] ».

Il s'agit donc d'articuler le regard et l'écriture, non dans leur simultanéité — ce qui serait un leurre — mais dans leur coextensibilité, de comprendre le rapport entre le voir et l'écriture du voir. Ces rapports ne peuvent être compris comme étant à sens unique, car l'ethnologue, qui est celui qui se doit de retourner voir (revoir), est par ailleurs confronté en permanence à ce qui a été vu et à ce qui a été écrit par d'autres que lui.

L'ensemble des réflexions précédentes nous permet d'esquisser la définition suivante : la description ethnographique, c'est de la réalité sociale appréhendée à partir du « voir », mais de la réalité sociale devenue langage et qui s'inscrit dans un réseau d'intertextualité : l'ethnologie et *a fortiori* l'anthropologie qui entretiennent un rapport nécessaire avec du déjà dit et du déjà écrit.

1. Bien avant Valéry, c'est certainement chez Nietzsche qu'il faut aller pour trouver l'une des interpellations majeures du visible par le langage. Ainsi par exemple dans *Le Gai Savoir* (Paris, Gallimard, 1967, p. 171) : « Qu'est ce que l'originalité ? C'est voir quelque chose qui n'a pas encore de nom, qui ne peut encore être nommé, bien que cela soit sous les yeux de tous. Tels sont les hommes habituellement qu'il leur faut d'abord un nom pour qu'une chose leur soit visible. Les originaux ont été le plus souvent ceux qui ont donné des noms aux choses. »

Simultanéité = تقارن، تزامن

2. DESCRIPTION ET CLASSIFICATION : PROFUSION SÉMANTIQUE ET PRÉCISION LEXICOLOGIQUE

Nous nous demanderons plus loin s'il y a véritablement une spécificité ethnographique de la description, puis à la fin de ce livre s'il peut exister une ethnologie purement et exclusivement descriptive. Dans un premier temps, il nous semble nécessaire de rappeler quelles sont les caractéristiques de ce genre textuel que l'on désigne sous le terme de description. Cette dernière, qui est autant exploration du vocabulaire que du phénomène proprement dit dont on cherche à rendre compte, paraît être de l'ordre de l'énumération. La description énonce et annonce, énumère, épelle, détaille, décompose, mais d'abord enregistre, démontre, recense, comptabilise. Ce n'est pas une activité particulièrement imaginative : elle dresse des listes, établit l'état des lieux, procède à des inventaires[1]. Ayant soin de ne rien oublier, elle cherche volontiers à épuiser son objet. Dans *L'Œuvre* de Zola, le peintre Claude Lantier s'écrit : « Ah ! tout voir et tout peindre ». Et André Chénier écrit quant à lui dans *L'Amérique* : « Tout voir, aller partout, tout savoir et tout dire ».

L'écriture descriptive s'efforce de rendre compte de la totalité de ce que l'on voit. Aucun espace, aucun recoin ne doit être laissé en jachère, pas plus par l'œil qui observe que par la main qui désigne. Il s'agit de rendre compte et d'abord de nommer la totalité de ce que l'on voit. Ainsi Mauss, dans son *Manuel d'ethnographie* : « on collectionnera tous les produits fabriqués ; on étudiera tous les moments de la fabrication de la machine...[2] ». La description vise l'exhaustivité et la finition. C'est la raison pour laquelle le foisonnement et la prolifération lexicale sont généralement l'une des tendances majeures de ce mode du discours qui procède souvent, comme l'a noté Bachelard, d'une

1. Au XVIIe siècle, la plupart des dictionnaires ne donnent que le sens judiciaire de la description.
2. On notera aussi que c'est en terme de « collecte », « collection », « répertoire », « reproduction », « inventaire », « séries », « recensement » que l'auteur du *Manuel* définit l'observation-description.

suradjectivation des substantifs[1]. Mais inversement le texte descriptif peut viser l'économie (la description la plus rigoureuse obéit, selon le philosophe Lessing, à la règle de l'épithète unique), la concision, l'épuration de tous les détails. C'est ce que recommande Zola. C'est ce que réalise Maupassant. C'est aussi la leçon de l'« écriture minimale » : Borges, Bioy Casares, Brancusi.

> « Une composition simple, une langue nette, quelque chose comme une maison de verre laissant voir les idées à l'intérieur, les documents donnés dans leur nudité sévère. »
>
> Émile Zola, *Les Romanciers naturalistes.*
>
> « Tout aussi puissant est son sens visuel, l'appréciation rapide et immédiate de son regard, qui explique la concision et la vigueur singulières de ses descriptions. Celles-ci ne sont ni étirées, ni détaillées ; rien en elles n'évoque l'énumération, la tournure d'esprit de l'observateur qui recense tous les éléments de sa liste pour être bien sûr que l'addition est complète. Son œil choisit sans erreur, sans scrupule, presque sans vergogne — il capte le détail qui contient l'essence même de l'objet ou de la scène, et, en l'exprimant avec la brièveté consommée du maître, nous livre un tableau convaincant et original. »
>
> Henry James, *Sur Maupassant.*

Quoiqu'il en soit, concise ou développée (« on peut décrire un chapeau en vingt pages et une bataille en dix lignes », estime Paul Valéry), la description a pour exigence la saturation et surtout le rangement et la classification. Si

1. Pour une critique de l'adjectif, on consultera *Alizés* de Michel Rio, Paris, Gallimard/Folio, 1987. Le narrateur estime que l'adjectif est un « enfant batard » du verbe et du substantif (p. 84) qui possède un « territoire autonome » : « l'esthétique et la morale ». Il ajoute que l'adjectif relève de « la gratuité et de l'escroquerie » (p. 85). « Il est galvaudé, prostitué même, il est le paravent décoratif derrière lequel se cachent l'ignorance et la vacuité, l'instrument idéal et universellement partagé du faux savoir » (p. 86). Dans *Les Cinq Sens* (Paris, Grasset, 1985), Michel Serres critique aussi vivement l'adjectif, qualifié de « parasite », « bruit de trop », « encombrante bestiole ».

elle est arborescente et profuse, cette profusion doit être avant tout une profusion ordonnée qui ne laisse rien à l'improvisation. Elle consiste en un certain mode de découpage et de dissection du réel, ou plutôt de construction de ce dernier : le mode du classement et de l'association par analogie mais surtout par contiguïté. Les fichiers, les guides, les annuaires, les Bottin téléphoniques, les « listings » à la fois fermés et définitifs dans leurs présentations, mais néanmoins en permanence remis à jour dans leurs constitutions successives sont des textes éminemment descriptifs. Mais il existe un rapport constant encore plus étroit de la description avec les dictionnaires. Ces derniers peuvent être considérés comme les plus grands textes descriptifs existant, liant la profusion sémantique et la précision de l'ordre lexicologique.

« C'était une bâtisse à plan rectangulaire d'environ 8 mètres de long, 4 de large et 5 de hauteur, dont la toiture à deux versants se prolongeant jusqu'au sol portait une épaisse couverture de palmes. […] L'unique ouverture, percée dans un mur pignon, très large et haute pour permettre à la lumière naturelle de pénétrer abondamment dans la maison, comprenait une porte à deux battants faits de bambous ligaturés, dont la rigidité était assurée par des tiges transversales et qui étaient reliés au chambranle par de fortes torsades de chanvre. […] Le sol de la maison en terre battue était surcreusé et son niveau inférieur d'environ 50 centimètres à celui du dehors. Un léger rehaussement du porche empêchait les eaux de pluie de couler à l'intérieur et d'y stagner. La charpente reposait sur cinq paires d'arbalétriers placés tous les 2 mètres, enfoncés dans le sol et se croisant au sommet en formant une série de V au creux desquels reposait une panne faîtière. D'autres pannes régulièrement réparties reliaient de chaque côté les arbalétriers les uns aux autres, et l'écartement de chaque paire était assuré par des entraits traversant la maison à une hauteur de 3 mètres. Un grand nombre de chevrons, disposés tous les 20 centimètres environ, appuyés sur les pannes intermédiaires, allaient du sol extérieur où ils s'enfonçaient comme les arbalétriers jusqu'à la panne faîtière au-dessus de laquelle ils se croisaient. Du côté du mur pignon opposé à la porte, ils étaient disposés en abside. Ils portaient eux-mêmes un réseau dense de longues baguettes horizontales, sortes de liteaux ou de voliges sur quoi s'accrochait la couverture de palmes. Les arbalétriers et les entraits étaient de véritables troncs assez bien équarris, les pannes et les chevrons, de grosseur différente, de simples perches écorcées. Enfoncés dans le sol, adossés à la paroi de terre taillée par le surcreusement, rejoignant la charpente oblique à deux mètres de hauteur, de gros piquets ronds et serrés constituaient les murs. »

Michel Rio, *Alizés*, © Balland, 1987, pp. 49-50.

3. Description et narration

La description entre en conflit permanent avec la narration dont elle arrête le cours. Alors que cette dernière est dynamisme, temps, mouvement, développement d'une intrigue au sein de laquelle évoluent des personnages, la description s'attarde, procède à des arrêts sur image, concentre son attention sur un moment donné, sur un lieu précis, sur un épisode décisif. La description est, comme le dit Gérard Genette, une « pause dans le récit ». Elle fixe le temps dans un présent définitif et immobilise la vision dans l'espace. Elle est une espèce de récit arrêté, une récapitulation dans l'instant, constituant un défi au flux de la temporalité, susceptible de rendre compte par exemple de la permanence de la filiation, de la parenté, du rapport au sacré, l'emploi fréquent du présent dans le texte descriptif étant là pour renforcer, si besoin était, une opération qui procède d'un étalement dans l'espace et non d'un déploiement dans le temps.

La description serait plutôt de l'ordre de la contemplation, alors que la narration, qui peut d'ailleurs consister en une série de descriptions articulées dans le mouvement de la temporalité, est, elle, résolument du côté de l'action. On peut se demander si, dans ces conditions d'opposition au temps, caractéristique, lui, du langage, du discours, de l'écriture, mais aussi de la lecture — parler, écrire suppose une continuité, un enchaînement de propositions, une succession, bref une syntaxe —, la description ne relèverait pas de l'utopie. Peut-on décrire sans raconter ? Dans la mesure où l'ordre des faits énoncés n'est pas arbitraire — comme c'est plus particulièrement le cas dans la description ethnographique —, ne se trouve-t-on pas déjà engagé dans la dynamique d'un récit ?

Il existe bien effectivement un temps de la description qui est celui d'un parcours énumératif, d'une contemplation dans la longue durée du regard. L'œil s'attarde, intensifie et amplifie la vision. C'est bien l'espace qui est appréhendé, mais avec patience, à travers la durée de l'observation et, nous y reviendrons, le différé de l'écriture.

Quoi qu'il en soit, nous sommes bien en présence de deux modes antithétiques ou du moins profondément différents du discours, auxquels correspondent deux formes de pensée : décrire et raconter, et pour ce qui nous intéresse plus précisément ici : la description ethnographique et le récit ethnologique.

Ainsi que l'écrit Philipe Hamon (1993, p. 38), le conteur-narrateur est « un personnage plutôt truculent, bon-vivant, désintéressé, sociable, aimable et bavard, [...] personnage d'oncle ou de grand-père bienveillant [ou d'] amoureux fervent ayant beaucoup vécu. Le personnage du descripteur, lui, est plutôt du côté des savants austères peu diserts, des scientifiques en chambre, du savoir stocké en tant qu'il s'oppose à l'imagination vive, des choses en tant qu'elles s'opposent aux vivants, des structures en tant qu'elles s'opposent à l'aventure. »

La première activité mobilise l'imaginaire tant du narrateur que du lecteur. Tout récit est récit d'aventure qui provoque une surprise et suscite une attente qui s'exprime dans les fameux : « et alors ?, et alors ? » (sous entendu : que va-t-il se passer ?). La seconde activité, résolument didactique et absolument pas ludique[1], vise l'élaboration d'un savoir. Rien n'est plus contraire à la cohue et au mélange que le savoir descriptif. C'est ce que nous voulons dire d'ailleurs lorsque nous disons que « c'est indescriptible ». Ce qui nous apparaît comme désordre doit alors être réorganisé, et la tendance la plus commune consiste à passer imperceptiblement de l'énonciation à l'évaluation. Ce que l'on voit est transformé, interprété, embelli, enlaidi, à partir d'une pensée catégorielle et classificatoire qui distribue généralement la perception autour des polarités du grand et du petit, du maigre et du gros, du

1. À moins que l'on cherche à mettre en évidence son caractère comique comme dans le célèbre *Inventaire* de Prévert et surtout dans *Bouvard et Pécuchet* de Flaubert qui montre le caractère dérisoire non seulement de la connaissance descriptive, mais de tout projet prétendant sérieusement nous faire accéder à la connaissance.

beau et du laid. La question qui se pose, surtout lorsque l'on cherche à séparer les faits des jugements de valeurs (éthiques, esthétiques), est celle de la hiérarchie des éléments.

Décrire, *de-scribere*, signifie étymologiquement écrire d'après un modèle, c'est-à-dire procéder à une construction, à un découpage, à une analyse au cours de laquelle on se livre à une mise en ordre. Nous n'inventons pas les phénomènes sociaux et les événements auxquels nous avons assisté en tant qu'observateurs ou auxquels nous avons participé, mais quelle illusion de penser que nous en donnons une copie fidèle. La composition intervient dès les carnets de terrain des ethnographes. Ces derniers ne sont jamais de purs « témoignages », des comptes rendus à l'état brut recueillis à partir d'un observateur imperturbable et anonyme qui aurait réussi à se débarrasser de son affectivité. Ils sont au contraire révélateurs d'un choix, de la sélection somme toute limitée de phénomènes appréhendés à partir d'un certain point de vue, mais aussi du hasard des rencontres effectuées sur le terrain, dont le corollaire est l'élimination par méconnaissance d'autres rencontres et par conséquent d'autres perspectives possibles.

4. Description et représentation

La description ethnographique doit dans ces conditions se défier des présupposés d'une notion implicite ou explicite (depuis Durkheim) qu'il convient de mettre en question : la notion de représentation (ou de représentation sociale) qui est souvent comprise en tant que double, doublure, réplique, répétition, reconnaissance (et non connaissance), bref, reproduction d'une réalité antérieure et extérieure par rapport à la question de sa recherche, c'est-à-dire notamment du langage. Cette notion se voit renforcée par ce que l'on appelle habituellement le « recueil des données » dont l'expression même tend à assigner au chercheur un rôle passif d'enregistrement d'informations. Elle appelle de notre point de vue une double critique.

1. La représentation suppose une conception **substantialiste** du réel. Il existerait une vérité du monde et une véracité du social indépendamment du langage. Il y aurait quelque part du déjà dit qu'il suffirait de découvrir, du

caché qu'il conviendrait d'éclairer. Telle est la ruse du positivisme qui consiste à faire croire que les significations recherchées sont totalement contenues dans les choses, le monde, la société. Il existerait d'un côté des faits à l'état pur possédant ce que l'on appelle en philosophie le statut de chose en-soi, c'est-à-dire d'absolu, et de l'autre des discours qui énonceraient et plus précisément dans le cas de la description épelleraient ces faits d'une manière mimétique afin d'en donner une copie conforme.

2. La notion de représentation implique la réduction du langage à une seule de ses fonctions : la fonction que Jakobson a appelée expressive, et qui peut être également qualifiée d'**instrumentale** ou de référentielle, pour laquelle le langage, second par rapport au réel, est un simple support servant de véhicule au transport de la pensée et à la communication des informations. Il ne s'agirait alors que de nommer la présence de significations déjà là, préexistantes à l'acte même de l'énonciation. La notion de représentation dans ces conditions, se donnant tout entière pour représentation de ce qui est présent, refuse l'écart (entre le signifiant et le signifié, entre les mots et les choses), la séparation, l'absence (notamment de signifiant lorsqu'il s'agit de traduire un terme provenant d'une culture étrangère et qui n'a rigoureusement pas d'équivalent), l'errance et l'erreur qui est le propre de tout itinéraire scientifique. Elle conduit à l'**illusion ontologique** de l'unité, de l'identité, de la stabilité et de la permanence du sens.

Or l'écriture descriptive, en particulier dans la recherche ethnographique, ne consiste pas à « communiquer des informations » déjà détenues par d'autres, à exprimer un contenu déjà là et déjà dit, mais **à faire advenir ce qui n'a pas encore été dit, bref à faire surgir de l'inédit**.

Dans la description ethnographique, c'est sans cesse la question des relations entre les mots et les choses, l'œil qui regarde et la main qui écrit, le sujet et l'objet, l'observateur et l'observé — question déjà présente dans la perception — qui est posée, et on ne saurait faire comme si cette question était une fois pour toutes résolue.

L'écueil majeur dans cette confrontation vient du fait que nous nous trouvons le plus souvent en présence de pensées binaires, c'est-à-dire de raisonnements en formes de dilemme, définis comme s'il était possible de choisir, par une option entre des termes posés au préalable, comme ne pouvant être qu'exclusifs : sauvage ou civilisé ? connu ou inconnu ? proche ou lointain ? intraduisible ou totalement traduisible ? indescriptible ou tout à fait descriptible ? « du côté » des indigènes ou vendu à l'Occident impérialiste ? Cette injonction à se situer « d'un côté » ou « de l'autre » trouve par ailleurs sa réplication dans la question de savoir si l'on adopte le « je » de l'observateur affranchi ou le « nous » professionnel, qui ne changera d'ailleurs rien au fait que ceux qui sont l'objet du discours restent irrémédiablement les autres (« les Trobriandais », « les Nuer », « les Azandé », « les Ik », « les Arapesh », « les Mundugomor », etc.).

4.1 Description, représentation et théorie de la connaissance

C'est en fait une théorie de la connaissance, le plus souvent implicite, qui commande la réponse qui va être donnée. Tantôt la description est conçue comme description d'un objet, et la tendance consiste alors à lui faire correspondre une sorte de double idéal, ce qui déporte la question du sens du côté du seul signifié, tantôt au contraire elle est conçue comme l'activité souveraine et exclusive du sujet. Tantôt le regard est appréhendé comme captation d'information (depuis Épicure et les siens, il y a des gens qui estiment que le mouvement va de l'objet à l'œil), tantôt comme émission[1]. L'histoire de la pensée — et y compris de la pensée anthropologique qui, elle, est toute récente — est marquée par ces querelles du réalisme et de l'idéalisme, de l'empirisme (de Locke à Margaret Mead) et de l'intellectualisme (de Leibniz à Lévi-Strauss). Le propre de ces pensées binaires, c'est qu'elles ne permettent pas de saisir l'entre-deux, l'oscillation, la contradiction, l'équivoque, la présence-absence qui constitue au Portugal et au Brésil le sentiment de « *saudade* », le montrer-cacher (qui s'exprime dans les ritualités tant profanes que sacrées), les glissements de sens, voire l'indétermination du sens, ou au contraire l'irruption du sens à travers le sensible que l'on peut choyer amou-

1. Pour Chrysippe, repris par Aristote et sur lequel Euclide va fonder son *Optique*, pour Goethe dans le *Traité des couleurs*, la vue va au contraire de l'œil à l'objet.

reusement ou que l'on peut domestiquer et orienter dans l'ordre du discours public et savant.

Il convient me semble-t-il de tenir les deux bouts de la chaîne et d'affirmer à la fois :

– que la réalité sociale que cherche simultanément à saisir et à construire l'ethnographe 1° est hors de lui et non en lui, 2° mais n'a aucun sens indépendamment de lui ;

– que 1° c'est l'objet qui est perçu, 2° mais c'est le sujet qui perçoit… un objet qui, comme l'a montré Lévi-Strauss dans son « Introduction à l'œuvre de Marcel Mauss », est de même nature que lui ;

– qu'il n'existe pas de relations naturelles entre le monde et le langage, le signifiant et le signifié, mais des élaborations culturelles, ce qui suppose que nous en finissions avec ces fictions de la transparence du langage, de l'adéquation des mots et des choses, de l'isomorphisme du référent et du signe.

4.2 Description, représentation et traduction

Si nous mettons l'accent sur le fait que la description ethnographique n'est jamais un simple exercice de transcription ou de « décodage », mais **une activité de construction et de traduction** au cours de laquelle le chercheur produit plus qu'il ne reproduit, si nous insistons sur le fait que cette opération s'effectue non pas malgré, mais grâce au langage (la description ethnographique s'effectue dans une langue, elle est une langue particulière en action), c'est pour mettre en garde contre la tendance encore aujourd'hui largement objectiviste du discours anthropologique. Tributaire des sciences de la nature, ce dernier s'est constitué dans l'ignorance de la question de l'histoire, du langage, considéré comme dérivé par rapport à l'original, et de l'écriture dont il est admis implicitement qu'elle aurait moins d'être que l'objet. Malinowski, en contradiction flagrante d'ailleurs avec sa propre expérience, nous a appris que nous pouvions parvenir à une observation neutre et impartiale et Mauss, son théoricien, estimait que la description n'était rien de plus qu'un « enregistrement ». Ainsi conçue, l'anthropologie épouse le présupposé spontané du réalisme philosophique et considère la thèse empiriste la plus rudimentaire comme allant de soi : la connaissance vient toute entière de l'expérience ; l'objet est totalement indépendant de ses conditions historiques d'observations ainsi que de ses conditions culturelles, linguistiques de traduction ; il existe — gage d'objectivité — une antériorité et une extériorité du « terrain » par rapport à l'ethnologue.

Si la description ethnographique est préconisée par tous comme le B.A.-ba de notre discipline, mais si rarement — pour ne pas dire jamais — pensée comme telle dans les cadres de cette discipline même, c'est que nous avons hérité d'une conception paresseuse de l'observation et surtout d'une conception indigente du langage. Aussi convient-il de rappeler vigoureusement que l'on ne peut percevoir le monde en dehors de l'acte du regard et décrire ce que l'on perçoit en dehors de la parole et de l'écriture, bref qu'il est impossible de sortir du langage. L'idée d'une autonomie du décrit (le référent, l'objet, le signifié) est un leurre. La description est description de celui qui décrit et la signification est liée à l'activité de celui qui pose la question du sens. Il n'existe donc pas à proprement parler de « données ethnographiques », mais d'emblée, toujours et partout, la confrontation d'un ethnologue (particulier) et d'un groupe social et culturel (particulier), **l'interaction entre un chercheur et ceux qu'il étudie**. C'est précisément cette rencontre qui mérite d'être appelé « terrain ». C'est cette confrontation et cette interaction (et non « la moitié ») qui constituent l'objet même de l'expérience ethnographique et de la construction ethnologique, lesquelles ne deviendront anthropologiques qu'en s'inscrivant (d'une manière que Bakhtine a qualifié de dialogique) dans un réseau d'intertextualité.

5. L'ÉCRITURE ETHNOGRAPHIQUE, COMME ÉCRITURE DE LA DIFFÉRENCE, EST UNE ÉCRITURE DIFFÉRÉE

Il existe une autre illusion : celle de la simultanéité du regard et de l'écriture ou, si l'on préfère, de l'immédiateté du texte, conçu comme un décalque de la vue. Or la vision n'est jamais contemporaine du langage. Il existe une différence entre ce que l'on voit et ce que l'on écrit et un rapport entre le voir et l'écriture du voir qui est celui d'un écart, d'un « entre-deux », d'un interstice, d'un intervalle, bref d'une interprétation[1]. Cet écart est le langage ou plutôt l'écriture, laquelle diffère l'immédiateté non seulement de la vision mais de la parole.

Or l'écriture ethnographique, loin de réduire cette différence, de la résorber dans l'identité et l'indifférenciation de la culture observatrice, contribue à l'amplifier. C'est d'une part une écriture qui vient toujours après le regard du chercheur et la parole de ses interlocuteurs. C'est un discours qui mémorialise ce regard et cette parole, en conserve la trace, en garde la mémoire. C'est d'autre part une écriture provoquée par ce que Lévi-Strauss a appelé un « regard éloigné » par rapport à celui que pourrait porter un individu appartenant à la culture dont il est originaire.

À l'instar de la traduction interlinguistique (d'un langage dans un autre), interculturelle (d'une culture dans une autre), interhistorique (d'une époque dans une autre), l'observation ethnographique, née d'un mouvement de va-et-vient ininterrompu entre la proximité et la distance, entre le même et l'autre, ne saurait être le point de départ d'un décalque ou d'une copie de l'original qui viserait à égaliser — c'est-à-dire à saborder — les différences et à neutraliser l'étrangeté. C'est au contraire un travail de médiation sans fin qui cherche à rendre compte linguistiquement, culturellement et historiquement du fait que cet écart ne pourra jamais être totalement comblé.

1. C'est la curiosité de l'« entre-deux » qui est susceptible d'éveiller un certain nombre de vocations : écrivains, ethnologues, traducteurs, interprètes qui sont des intermédiaires, des voyageurs et des passeurs d'une rive à l'autre. Cf. sur ce point mon ouvrage, *Transatlantique. Entre Europe et Amériques latines* que je me suis permis de citer précédemment.

3

TOUTE DESCRIPTION EST-ELLE ETHNOGRAPHIQUE ?

1. La description ethnographique et la littérature du regard : la leçon de Flaubert

Certaines activités, certaines disciplines sont principalement voire exclusivement descriptives. On évoquera l'astronomie, l'anatomie, la botanique, la zoologie, et même la relativité restreinte qui décrit les phénomènes électromagnétiques mais ne les explique pas, ou encore beaucoup plus modestement ce que l'on appelait à l'école primaire il n'y a pas si longtemps la « leçon de chose », exercice visant à développer les qualités d'observation des élèves et à leur apprendre du vocabulaire.

Mais la description a une histoire qui s'est jouée dans deux domaines : celui de la rhétorique, devenue aujourd'hui une partie de la linguistique[1], et surtout celui de l'écriture littéraire. Cette histoire, avec l'avènement somme toute récent de la description ethnographique, devient l'histoire d'un transfert d'un champ (linguistique et littéraire) à un autre (celui des sciences sociales).

Il convient de rappeler ici quelques grands auteurs de la description. Homère (notamment la description du bouclier d'Achille au chant 18 de l'*Iliade*) ; Balzac et ses fameuses cheminées surmontées d'un cartel Empire, ses fauteuils en velours d'Utrecht rouge, Balzac qui, lorsqu'il étudie les relations de l'homme et du milieu (les paysages, les villes, les maisons, les appartements), ouvre la voie à ce que l'on peut considérer comme une explication descriptive ; Zola, nous y reviendrons. Les écrivains de ce que l'on a appelé le Nouveau Roman dont l'un des buts était de débarrasser l'écriture littéraire

1. Des grammairiens-logiciens de Port-Royal (A. Arnaud et P. Nicole, *La Logique ou l'art de penser*, (1662, rééd., Paris, Vrin, 1981) à la stylistique et à la critique littéraire contemporaine, la description a toujours été l'objet d'un rejet quasi-unanime.

de ce qu'ils considéraient comme relevant de la tyrannie du récit et qui manifestaient un souci d'exactitude, de précision et de minutie scientifique (« une explication, quelle qu'elle soit, écrit Robbe-Grillet, ne peut être qu'en trop face à la présence des choses »). Georges Perec — dont on rappellera la formation sociologique — pour lequel la description ne doit plus être au service de la narration[1]. Et, parmi nos contemporains, Michel Rio, qui mesure les pièces en mètres carrés, chiffre les dimensions des bâtiments et manifeste un soin particulier dans la description des façades et des pignons.

Mais le maître incontesté de cette littérature du regard demeure incontestablement Flaubert. Le défi flaubertien consiste à raconter des événements minuscules, anodins, avec un maximum d'images et un très grand souci du détail. L'objet de *Madame Bovary*, c'est le néant, la médiocrité, une vie sans importance. Il ne se passe rien, les personnages ne se disent rien, mais ce rien est suggéré à travers une prolifération descriptive : des paysages, des arbres, des rivières, le ciel, la brume. Plus on avance vers la pauvreté du sens, la signification minimale, la stupidité, la sottise, plus le monde intérieur d'Emma se fait indécis, plus alors les sensations ont des contours précis et plus l'auteur cultive la minutie des sonorités, des images qui, d'une manière indirecte, expriment le rien, la misère de la vie psychologique d'Emma et l'ennui qui suinte de la vie sociale en province.

Il serait vain de rechercher des événements dans ce livre, à l'exception de la fin dans laquelle Flaubert conduit son héroïne au martyr, parce que l'événement, c'est le texte lui-même ou plutôt la description elle-même qui est là pour montrer l'inaction, l'inappétence, la langueur, l'insipidité, bref l'insignifiance. Léon et Emma ne se sont pratiquement rien dit et ce qu'ils ont pu se dire ne nous parvient qu'à travers le regard : « on voyait la rivière dans la prairie où elle dessinait sur l'herbe des sinuosités vagabondes ». C'est la monotonie qui est encore suggérée à travers la description de la nullité de la vie d'Emma

1. Lire *Les Choses* (Paris, Presses Pocket, 1990), et *La Vie, mode d'emploi* (Paris, Le Livre de Poche, 1978), ouvrage de 700 pages découpées en 107 tableaux, dans lequel l'auteur étudie la vie quotidienne des habitants de l'immeuble du 11, rue Simon-Crubellier à Paris, conçu comme un échiquier de 100 cases parcouru en 99 chapitres selon le mouvement du cavalier du jeu d'échecs.

Bovary : « Elle allait jusqu'à la hêtraie de Bonneville près du pavillon abandonné qui fait l'angle du mur, du côté des champs » (1983, p. 77).

Nous ne disposons d'aucun échange verbal, d'aucun monologue intérieur ni d'aucun commentaire pour comprendre ce que peuvent bien éprouver lors de leur toute première rencontre Emma et Charles Bovary — lequel nous a été initialement présenté à partir des détails de sa casquette — mais seulement de quelques éléments perceptifs (« l'air passant par le dessous de la porte, poussait un peu de poussière sur les dalles ») et d'un « cri de poule, au loin, qui pondait dans les cours » (1983, p. 55) et leur mariage nous sera raconté d'une façon également latérale par la description d'une pièce montée.

2. L'ÉCRITURE ETHNOGRAPHIQUE ET LA DESCRIPTION LITTÉRAIRE : UN MÊME SOUCI DU DÉTAIL

Les rapports entre le texte ethnographique et le texte littéraire, et en particulier le texte romanesque, sont autrement plus complexes qu'on a souvent l'habitude de la supposer. Plus de deux millénaires de pensée dualiste ont contribué à enfermer les Occidentaux dans les termes d'une alternative dont ils commencent à peine à percevoir le caractère dérisoire : la répartition binaire de toutes les formes de pensée, d'action, d'écriture entre le ludique et le sérieux, la déraison et la raison, le sujet et l'objet, la forme et le fond, les élucubrations individuelles et les discours sur le monde devant faire l'objet d'un consensus universel. L'« homme de lettres » s'affranchirait des contraintes du réel. Ce serait un capricieux et un débauché. L'homme de science, lui serait soumis. Ce serait un puritain. Aux uns donc, les délices, l'enchantement, la jouissance, l'ébriété. Aux autres, le deuil, le renoncement, la sobriété, mais payé d'une très grande récompense : le savoir.

Ce principe d'étanchéité n'arrive plus véritablement aujourd'hui à contenir l'instabilité des genres, et même si l'on doit admettre qu'il existe des murs, ce sont des murs mitoyens.

2.1 L'infiniment petit

L'écriture romanesque développe un intérêt tout particulier pour le détail, et pour le détail du détail, pour les « événements minuscules » et pour les « petits faits » dont parle Marcel Proust. Or, cette préoccupation pour le microscopique — et non pas, comme le dit encore Proust, pour « les grandes dimensions des phénomènes sociaux » — rejoint la démarche de l'ethnographie : observer le plus patiemment et le plus minutieusement possible un objet, un rite, une cérémonie (la fabrication d'un arc iroquois, la préparation du couscous en Petite Kabylie, la célébration du carnaval d'Olinda, la réalisation d'un show à Broadway) et le décrire avec la plus grande rigueur. Le regarder comme insolite, s'en étonner tout en s'en imprégnant, puis en rendre compte à d'autres que soi.

Comme le souci du détail n'est certainement pas moindre en littérature qu'en ethnographie, ce ne peut manifestement pas être de ce côté-là que les différences entre les deux activités doivent être recherchées. Flaubert dans ce qu'il appelle ses « calepins », qui sont de véritables journaux d'ethnographes, observe et note scrupuleusement ce qu'il voit. Et il le fait sans émettre le moindre jugement de valeur, sans condamnation, sans adhésion non plus, sans jamais intervenir personnellement : il invente le fameux **principe d'impersonnalité** qui va révolutionner l'art du roman. Geneviève Calame-Griaule, dans sa présentation des *Flambeurs d'hommes*, qui est le tout premier texte de Marcel Griaule (Paris, Berg International, 1991), mais aussi de l'ethnographie française, écrit que l'ethnologue avait « une volonté de s'effacer derrière les gens qu'il observait ». Il cherchait, poursuit-elle, à « se dépouiller de soi, à atteindre à un réel ascétisme intellectuel, à un arrachement des préférences, à un anéantissement des opinions », pp. 8-9).

2.2 La composition en différé

Si le souci de composition est primordial dans la description littéraire, il est loin d'être absent de la description ethnographique. Le « donné », nous l'avons vu, est fruit d'une construction effectuée à partir d'un regard sensible à la différence et au contraste. La perception elle-même, dans laquelle s'origine la description du chercheur, est régie par une structure dans laquelle la figure se détache du fond, et l'ethnographie, aussi modeste soit-elle, consiste dans un travail de mise en place, de mise en texte qui fait appel à toutes les ressources de la langue, à la réorganisation syntaxique, mais surtout lexicologique du réel afin de rendre compte de la multiplicité des détails dans ce qu'ils ont de plus subtils. Enfin, ce travail de textualisation, et cela aussi bien dans le cas de l'ethnologue que du romancier, ne se réalise pratiquement jamais « sur place » et encore moins en « direct » ainsi que nous avons commencé à le voir. Flaubert, pour décrire Carthage, doit revenir en Normandie et Malinowski, des îles Trobriand, en Angleterre.

2.3 La lutte contre les stéréotypes

La description ethnographique comme la description littéraire a une visée critique : des stéréotypes de la langue et par conséquent du social dans le cas de la littérature, des préjugés ethnocentriques dans celui de l'ethnographie. Dans les deux cas, il s'agit :

– de redonner toute sa valeur au concret, indissociable des sons, des images, des couleurs, des odeurs. Sensible à ce qui particularise dans les moindres recoins de la sensibilité et de la sensorialité, rien n'est plus étranger à la description que la pensée abstraite ;

– de s'opposer aux certitudes monologiques, aux discours implicitement ou explicitement non dialogiques de réduction de l'autre à l'identique ;

Ceci dit, la description est loin de toujours échapper à un certain nombre de conventions académiques. Nous pouvons en énoncer un certain nombre.

– Le point fixe d'Alberti (l'œil unique à un mètre du sol) qui, d'après Francastel, a mis « cinq cents ans à s'imposer à notre esprit comme une loi de la nature » (*op. cit.*, p. 113) avant d'être remis en question.

– Le dogme d'un observateur universel omniscient qui est partout, voit tout, entend tout. La première critique radicale de ce présupposé de l'absence de point de vue — nécessairement relatif et parcellaire — a été faite par Henry James et il faut attendre les ouvrages de Griaule et surtout les films ethnographiques de Jean Rouch pour que les anthropologues commencent à s'apercevoir du caractère fictif et déréalisant du postulat en question.

– Une autre convention consiste à « planter le décor » afin de préparer l'arrivée des personnages. Tout commence chez Balzac par la description du paysage — campagne, ville, maison, appartement — comme moment initial qui deviendra progressivement explicatif de l'individu et du social[1]. La monographie classique accentuera encore le caractère arbitraire d'un ordre chronologique qui paraît aller totalement de soi. Ainsi par exemple le *Manuel d'ethnographie* de Mauduit[2] recommande-t-il de commencer par l'histoire (chap. I et II) à laquelle succéderont la « géographie humaine » (chap. IV) et l'« ethnographie animale » (chap. V), suivies par « le problème des techniques » (chap. VII) et « les traditions » (chap. X), pour terminer par « les structures spirituelles » (chap. XII) et « l'esthétique » (chap. XIII).

Un ouvrage comme *Chronique des Indiens Guayaki*, de Pierre Clastres (1972), fait définitivement éclater ce que l'on a appelé la « monographie à tiroir ». Il s'organise simultanément à partir du sens que les Aché attribuent à leur existence et l'ethnologue à sa propre expérience. Le texte s'ouvre par l'éveil de l'auteur en pleine nuit, qui assiste à une naissance (à la société Aché et à l'aventure ethnologique), se poursuit par toute une série d'apprentissages (des jeunes Aché à leur propre culture et de Clastres à la culture des Aché) qui conduiront jusqu'à l'initiation, et s'achève par la description d'une scène de cannibalisme, institution clé qui, chez les Guayaki, régit les rapports entre les vivants et les morts, mais aussi entre les vivants et les étrangers.

– Un autre procédé rhétorique consiste à suivre l'ordre descendant lorsqu'il s'agit de décrire les êtres humains (on commence par la tête, voire le chapeau, pour terminer par les pieds[3]) et l'ordre ascendant pour les objets[4].

1. *Le Père Goriot* s'ouvre sur une description de dix pages de la pension Vauquer dans un quartier parisien, inventoriée minutieusement, avant d'en arriver à ses locataires.
2. J.-A. Mauduit, *Manuel d'ethnographie*, Paris, Payot, 1960.
3. Cf. dans *Madame Bovary* de Flaubert (1983), la description de Charles Bovary lorsqu'il apparaît pour la première fois (p. 35), puis de sa casquette (p. 36), et également la description du noyé à la fin du chapitre XIII de *Thérèse Raquin* de Zola.
4. Cf. dans *Madame Bovary* (p. 61-62), la description de la pièce-montée qui débute par « à la base » et s'achève par « au sommet ».

– Mentionnons enfin que la description ethnographique, à l'instar des autres formes de description — ici c'est moins une convention qu'une loi du genre — respecte les règles de la tragédie grecque : unité de temps, de lieu et d'action.

3. La spécificité de la description ethnographique

1. Les ethnologues sont des hommes et des femmes pour lesquels le monde extérieur existe. Aussi le texte ethnographique, contrairement au texte littéraire, privilégie-t-il résolument l'extratextualité. Il renvoie à autre chose qu'à lui-même. « Le but, écrit Malinowski, est de saisir le point de vue de l'indigène, de comprendre sa vision de son monde » (1993, pp. 81-82). C'est toute la différence qui sépare le *Dieu d'eau* de Griaule et l'*Afrique fantôme* de Leiris. Les deux ethnologues, ensemble sur le même terrain, effectuent les mêmes observations. Mais alors que Griaule concentre son regard et son écoute sur les Dogons, alors qu'il s'efface lui-même, laissant la parole au sage Ogotemmêli, Leiris, lui, s'interroge sur son rapport personnel à l'Occident colonisateur et quitte ainsi progressivement le champ de l'ethnologie pour celui de la littérature[1].

2. La description ethnographique concerne les phénomènes sociaux. « Comme sociologue, nous ne nous intéressons pas », écrit encore Malinowski (1993, pp. 79-80), « à ce que X… et Y… peuvent éprouver en tant qu'individus selon les hasards de leur expérience personnelle — nous nous intéressons seulement à ce qu'ils sentent et pensent en tant que membres d'une communauté donnée. »

3. La description ethnographique inscrit le regard dans un contexte et une histoire. Elle situe et date avec précision ses observations dans un espace particulier. Elle tente enfin de se départir du regard occidental ou occidenta-

1. Ici intervient un critère de démarcation entre ce que nous « pouvons » et « ne pouvons pas dire » (Wittgenstein) dans le cadre de la science, entre le texte scientifique proprement dit et ce que nous pouvons appeler son hors-texte, qui est l'autre côté du texte.

lisant dont elle réalise sur le terrain qu'il n'est pas la seule forme de regard possible. La description ethnographique, situante, doit avoir conscience qu'elle est elle-même située. Le regard, et *a fortiori* l'écriture, ne saurait être immuable. Il existe, le plus souvent à notre insu, un processus d'organisation sociale et culturelle de la vue, du visible, du dicible et du lisible. L'observation puis la description sont des constructions intellectuelles et polysensorielles, des expressions particulières d'une époque par et pour un groupe social et culturel donné. Les Maori, par exemple, ont trois mille noms pour désigner les couleurs, là ou la langue française ne dispose que de quelques dizaines de termes, tout au plus.

Ayant pris conscience — mais ce n'est jamais une conscience totalement lucide — de la radicale historicité de nos observations, nos descriptions tenteront de se départir des ruses ethnocentriques de la projection. Il s'agit de « voir les indigènes, les observer », écrit Malinowski dans *Les Argonautes du Pacifique occidental*. Alors, poursuit l'auteur, « nous acquérons la possibilité de nous voir nous-mêmes à distance ». Geneviève Calame-Griaule estimait que Marcel Griaule avait contribué à fonder « une méthode de dépouillement de la mentalité européenne » (*op. cit.*, 1991, p. 9). Ayant commencé à se regarder avec un autre regard, l'anthropologue revient alors chez les siens avec un autre regard. Mais nous touchons ici à une question qui dépasse largement l'objet de ce livre, car la description ethnographique n'a rien d'une introspection. Ce n'est pas soi qui importe, mais l'autre (homme, femme ou objet) dans sa spécificité, sa différence et sa variation, et, à ce titre, celui qui voudrait devenir un bon ethnographe ne saurait se dispenser de la lecture des numéros successifs du *Catalogue des armes et cycles de la Manufacture de Saint-Étienne*.

4. Contrairement à la description littéraire qui peut suggérer plus que désigner, utiliser les chemins obliques de la métaphore, engager le lecteur dans les voies de l'implicite et de l'allusif — ce qui permet difficilement ensuite un travail comparatif —, la description ethnographique est à la fois directe dans son expression, et médiatisée par tout ce qui permet d'y accéder (cartographie, photographie, enregistrements, sans compter les croquis, les plans, les schémas, les carrés, les rectangles, les triangles, les cercles, les rayons) et par

toutes les représentations habituelles des relations de parenté que tout ethnologue trace dans ses cahiers.

Le sens de la totalité

La description ethnographique est commandée par une exigence de globalité. Tout ce que l'on observe, en ne faisant « aucune différence entre ce qui est banal, terne ou normal, et ce qui étonne et frappe outre mesure » (Malinowski, 1993, p. 67), est recensé, répertorié, contrôlé : objets, traditions orales et plus encore formes de pensée non verbales, expressions corporelles, gestes, mimiques, etc. Mais il ne s'agit nullement — tout voir est une impossibilité et tout dire serait une absurdité — de dresser un inventaire, mais bien plutôt, à partir de faits concrets (« le concret » qui est « le complet » comme le dit Mauss), d'**établir des relations**. Comprendre l'intelligibilité d'un phénomène, c'est à la fois le relier à la totalité sociale dans laquelle il s'inscrit et étudier les multiples dimensions qui sont les siennes. C'est à partir du moment où Malinowski arrive à se dégager de ce qu'il appelle le « fatras des faits » (1993, p. 67) et qu'il commence à réaliser qu'il existe un réseau serré d'interactions entre des éléments qui, à première vue, paraissaient disparates, qu'il parvient à nous faire saisir le « sens » — il dit aussi, à partir de son présupposé organiciste, le « but », la « fonction » — du canoë trobriandais. Ce dernier est décrit en lien avec le groupe qui le fabrique et l'utilise, les rituels magiques qui le consacrent, les réglementations qui en définissent la possession.

Le canoë trobriandais

« Un canoë est un élément de la culture matérielle, et comme tel, on peut le décrire, le photographier, et même l'exposer dans un musée. Mais la réalité ethnographique du canoë demeure fort étrangère à qui l'étudie hors de son cadre naturel, même s'il a sous les yeux un parfait spécimen. Le canoë est construit pour un emploi déterminé, conçu dans un but bien défini ; il s'agit d'un moyen pour parvenir à une fin, et nous, qui nous penchons sur la vie indigène, nous n'avons pas à inverser le rapport et à faire de l'objet lui-même un fétiche. Ce n'est qu'à partir du moment où l'on s'intéresse aux objectifs économiques qui président à la construction d'un canoë, aux divers usages auxquels il est destiné, qu'on applique une méthode ethnographique plus valable. Des données sociologiques complémentaires, par exemple, sur qui possède, qui fabrique et qui emploie la pirogue ; des renseignements sur les cérémonies et les pratiques qui accompagnent cette construction, une sorte de vie type et d'histoire d'un canoë — toutes ces précisions permettent de mieux saisir encore ce que sa pirogue représente vraiment pour l'indigène. Pourtant, même ceci ne touchera pas à la réalité la plus profonde du canoë indigène. Car un bateau, qu'il soit en écorce, en bois, en fer ou en acier, vit de la vie de ses marins, et, pour un marin, son bateau est bien plus qu'un simple morceau de matière façonnée. Pour l'indigène comme pour le matelot blanc, toute embarcation est auréolée d'une légende, faite de traditions et d'aventures personnelles. C'est un objet de culte et d'admiration, une chose vivante, qui a son individualité propre. »

Malinowski, *Les Argonautes du Pacifique occidental*, 1995, p. 164.

Nous donnerons enfin l'exemple d'un texte qui peut être considéré comme l'un des plus significatifs de l'anthropologie contemporaine : « L'arc et le panier » de Pierre Clastres[1]. À partir de la description de deux objets en apparence anodins et de leur utilisation respective, Clastres montre comment s'organise non seulement le rapport entre les hommes et les femmes, mais l'économie de la vie sociale et la pensée même des Indiens Guayaki.

L'arc et le panier

« Il y a chez les Guayaki un espace masculin et un espace féminin, respectivement définis par la forêt où chassent les hommes et par le campement où règnent les femmes. […] On peut mesurer la valeur et la portée de l'opposition socio-économique entre les hommes et femmes à ce qu'elle structure le temps et l'espace des Guayaki. Or, ils ne laissent point dans l'impensé le vécu de cette praxis : ils en ont une conscience claire et le déséquilibre des relations économiques entre les chasseurs et leurs épouses s'exprime, dans la pensée des Indiens, comme l'opposition de l'arc et du panier. Chacun de ces deux instruments est en effet le moyen, le signe et le résumé de deux "styles" d'existence à la fois opposés et soigneusement séparés. Il est à

1. P. Clastres, *La Société contre l'État*, Paris, Éd. de Minuit, 1974, pp. 88-111.

peine nécessaire de souligner que l'arc, seule arme des chasseurs, est un outil exclusivement masculin et que le panier, chose même des femmes, n'est utilisé que par elles : les hommes chassent, les femmes portent.
[…] Les Guayaki appréhendent cette grande opposition, selon laquelle fonctionne leur société, à travers un système de prohibitions réciproques : l'une interdit aux femmes de toucher l'arc des chasseurs, l'autre empêche les hommes de manipuler le panier. D'une manière générale, les outils et instruments sont sexuellement neutres, si l'on peut dire : l'homme et la femme peuvent les utiliser indifféremment ; seuls échappent à cette neutralité l'arc et le panier. […] Les hommes n'existent que comme chasseurs, et ils maintiennent la certitude de leur être en préservant leur arc du contact de la femme. Inversement, si un individu ne parvient plus à se réaliser comme chasseur, il cesse en même temps d'être un homme : passant de l'arc au panier, métaphoriquement il devient une femme. En effet, la conjonction de l'homme et de l'arc ne peut se rompre sans se transformer en son inverse et complémentaire : celle de la femme et du panier. »

Pierre Clastres, *La Société contre l'État*, Paris, Éd. de Minuit, 1974, pp. 91-94.

4. Littérature, poétique et ethnographie

Nous sommes maintenant en mesure de mieux comprendre à la fois :

– en quoi la description littéraire se distingue de la description ethnographique,

– et pourquoi les questions posées tant par la littérature que par l'étude des processus d'élaboration textuelle ne sont pas radicalement étrangères aux questions que se pose l'ethnologue.

1. Le premier point concerne ce que Roland Barthes a appelé le plaisir du texte. Si la littérature partage avec l'ethnologie des préoccupations épistémologiques (connaître, comprendre), elle s'en distingue néanmoins par sa visée résolument esthétique : non seulement faire entrer des couleurs, de la lumière, des sons, des odeurs dans le texte, mais procurer au lecteur une jouissance chromatique, musicale, affective, bref un bonheur synesthésique intense (ou au contraire provoquer en lui de l'angoisse). Notons simplement ici que, sans procéder à une transmutation esthétique du réel, les plus grands textes de

l'ethnologie scientifique sont aussi ceux qui arrivent à capter avec précision cette sensibilité proprement littéraire.

Journal d'ethnographe

« Sur les eaux vertes — turquoises mais translucides —, les silhouettes violettes des montagnes, comme des ombres portées sur l'écran du brouillard. Derrière moi, par-dessus la cime de la jungle côtière, les versants boisés d'une haute falaise pyramidale. Devant moi, un scintillant liseré de sable jaune qu'ombragent des palmiers qui semblent jaillir des flots : un îlot corallien. L'eau clapote entre les planches du radeau — la mer s'insinue dans les interstices, et l'écume se brise contre les bords de l'embarcation. »

« Les palmiers, comme jaillis de l'épaisse broussaille côtière, se penchent sur les eaux. Au dessus d'eux, des collines peu élevées, mais aux pentes abruptes couvertes de grands arbres et de taillis touffus. Les coteaux et la jungle toute-puissante, la ravissante jungle vert sombre, l'eau translucide d'un vert lumineux, le ciel figé au beau fixe, la mer d'azur intense. Et, se dessinant sur l'horizon, d'innombrables îles lointaines ; plus près de moi, je distingue des baies, des vallées, des hautes cimes. Les montagnes de la Grande Île — tout cela immense, compliqué, mais d'une harmonie et d'une beauté suprême. »

« En marchant, je projette des ombres immenses sur les palmiers et les mimosas au bord du chemin ; les odeurs de la jungle vous plongent dans un état très particulier — le parfum subtil, exquis, de la verte fleur keroro, la turgescence lubrique de la végétation bourgeonnante ; le frangipanier — une odeur aussi entêtante que celle de l'encens —, un arbuste aux contours bien dessinés, à la silhouette élégante, aux fleurs riantes : des ciselures d'albâtre saupoudrées d'un pollen d'or. […] Je rassemble les éléments d'une synthèse : la mer, ouverte vers le grand large, la mer libre et joyeuse — le flot émeraude sur le récif, l'azur du ciel moucheté de menus nuages floconneux. »

Malinowski, *Journal d'ethnographe*, 1985, pp. 56, 62, 97-98.

2. Comme l'a encore montré Roland Barthes, la littérature est une activité intransitive, c'est-à-dire pour laquelle le texte se suffit à lui-même et privilé-

gie ce que Jakobson a appelé la fonction poétique du langage, c'est-à-dire « l'accent mis sur le message pour son propre compte » (1994, p. 218). Cela ne signifie pas qu'une description littéraire doive nécessairement procéder à la suspension, voire à l'élimination de la réalité, mais bien plutôt à la problématisation des manières d'en rendre compte ainsi qu'à son exploration latérale et non pas littérale. C'est bien en effet à la littéralité d'un sens clair, stable, identique à lui-même, donné une fois pour toutes, c'est-à-dire définitif, que s'oppose la littérature qui n'est rien d'autre que le langage lui-même dans tous ses états qui ne peut parvenir au sens qu'à travers la pluralité des formes.

La lecture des textes littéraires, et en particulier des textes appartenant à ce que j'ai qualifié plus haut de littérature du regard, me semble être la plus excellente propédeutique que l'on puisse proposer à celui ou celle qui se trouve confronté à la tâche éminemment aventureuse de décrire un objet, un paysage, une scène de la vie exotique ou domestique. Ces textes (Flaubert, Maupassant, Perec, Rio, Clarice Lispector…) nous permettent de réaliser à quel point, dans notre travail apparemment modeste d'ethnographe, le rapport entre le signifiant et le signifié, les mots et les choses n'est jamais donné, mais fait chaque fois jaillir une série de questions inédites pour lesquelles il n'existe pas de solution unique. Leur lecture constitue un antidote à l'adhésion fondamentaliste qui consiste à rabattre le discours sur le « réel », comme si ce dernier n'était pas précisément la contradiction et l'étrangeté qui provoquent la question.

Certes les processus de la recherche sur le « terrain » (ou observation « *in vivo* ») ou à partir du « terrain » sont généralement moindres dans la littérature que dans l'ethnographie, alors que l'activité de ce qui relève de la poétique, minorée ou ignorée en ethnographie, est au contraire le propre du travail de l'écrivain. Mais s'est-on demandé pourquoi il existe un rapport étroit entre Malinowski et Joseph Conrad, entre Park, le fondateur de l'école sociologique de Chicago, et des écrivains comme Dos Passos, entre Lévi-Strauss et Jean-Jacques Rousseau, et non pas, l'auteur de *Tristes Tropiques* le précise bien, le Rousseau du *Contrat social*, mais le Jean-Jacques des *Confessions* et des *Rêveries du promeneur solitaire* ?

Ces rapports-là de parenté, pleinement revendiqués par leurs auteurs, nous mettent sur la voie : l'ethnologie et plus précisément la description ethnographique ne peut pas ne pas rencontrer les questions posées tant par les linguistes que par les romanciers et notamment celle-ci : si ce que nous observons, c'est du sens, et ce que nous produisons, ce sont des formes, alors quel rapport y a-t-il entre les deux ?

Nous avons tout intérêt à connaître et à comprendre les questions posées par l'élaboration d'un texte plutôt qu'à les subir, ce qui ne pourrait conduire qu'à la reproduction rhétorique de clichés et de stéréotypes dont l'ethnologie n'a que faire. La rigueur scientifique de la description ethnographique ne saurait s'accommoder de l'indifférence (= sans différences) syntaxique et plus encore lexicale, car s'il existe une connaissance par la description et aussi une connaissance de ce qu'est la description, elle consiste bien dans la mise en œuvre de la richesse du vocabulaire de la langue. Bref, **la description ethnographique non seulement ne dissocie pas l'étude de la culture (*ethnos*) de la question de l'écriture (*graphè*), mais fait précisément de leur relation sa spécificité.**

4

LA PLACE DE LA DESCRIPTION DANS L'HISTOIRE ET L'ANTHROPOLOGIE

« Voyager ! Perdre le pays !
Devenir un autre constamment, Pour
l'âme pas de fondement Sinon voir,
voir sans merci. »
Fernando PESSOA

« Quand on veut étudier les
hommes, il faut regarder près de soi,
mais pour étudier l'homme, il faut
apprendre à porter sa vue au loin. »
Jean-Jacques ROUSSEAU

1. LE XVIe SIÈCLE : JEAN DE LÉRY

La genèse de la description ethnographique est contemporaine de la découverte du Nouveau Monde. La Renaissance explore des espaces jusqu'alors inconnus et commence à élaborer des discours sur les habitants qui peuplent ces espaces. La grande question qui est alors posée, et qui naît de cette première confrontation visuelle avec l'altérité, est la suivante : ceux que l'on vient de découvrir appartiennent-ils à l'humanité ? les sauvages ont-ils une « âme » ?, question capitale s'il en fut pour les missionnaires, puisque de la réponse dépendra le fait de savoir si l'on peut les faire bénéficier de la Révélation.

Les deux principaux critères utilisés à partir du XVIe siècle par les Européens pour juger s'il convient de conférer aux Indiens un statut humain sont résolument visuels : l'apparence physique : ils sont nus ou « vêtus de peaux de bêtes » ; les comportements alimentaires : ils « mangent de la viande crue » et de la « chair humaine », et c'est tout l'imaginaire du cannibalisme qui va ici s'élaborer. C'est à cette époque que commencent à s'esquisser les deux idéologies concurrentes, dont l'une consiste dans le symétrique inversé de l'autre : 1° **le refus de l'étranger** appréhendé à partir d'un manque et dont le corollaire est la bonne conscience que l'on a de soi et de sa société, 2° **la fascination de l'étrange et de l'étranger** dont le corollaire est la mauvaise conscience.

1. Ne croyant pas en Dieu, n'ayant pas d'âme, n'ayant pas accès au langage, étant effroyablement laid et se nourrissant comme une bête, le sauvage est appréhendé sur le mode du bestiaire. Et le discours sur l'altérité, qui a recours

à la métaphore zoologique, déploie la longue litanie de l'absence : sans morale, sans religion, sans loi, sans écriture, sans État, sans conscience, sans passé, sans avenir. Cornélius de Paw ajoutera même au XVIIIe siècle : « sans barbe », « sans poils », « sans esprit », « sans ardeur pour sa femelle ».

2. La figure du sauvage abruti qui végète dans une nature hostile est éminemment susceptible de se retourner dans son contraire : celle de la nature généreuse prodiguant ses bienfaits à un sauvage heureux. Les termes de l'attribution restent rigoureusement identiques, de même que le couple constitué par le sujet du discours (le civilisé) et son objet (le « naturel »). Mais on procède cette fois à l'inversion de ce qui était appréhendé comme un vide, qui devient un plein (ou une plénitude), de ce qui était perçu comme un moins, qui devient un plus. À partir du XVIe siècle, on commence à exhiber dans les foires de vrais sauvages[1] et, au XVIIe, on se précipite pour voir *Les Indes galantes* de Rameau. Ce sont autant de manifestations qui tournent à l'avantage des sauvages et sont un véritable réquisitoire contre la civilisation. Puis, à l'engouement pour l'Indien, va se substituer progressivement à partir de la fin du XVIIIe siècle le charme et le plaisir idyllique que provoque la rencontre des paysages et des habitants des mers du Sud, des archipels polynésiens en particulier : Samoa, les îles Marquises, l'île de Pâques et surtout Tahiti[2]. C'est probablement pour beaucoup à cette « nostalgie du néolithique » dont parle Alfred Métraux (et qui fut à l'origine de sa propre vocation ethnologique), à cet imaginaire du voyage et à ce désir de faire exister dans un texte un « ailleurs », une société de plaisir et de bonté, bref une humanité conviviale dont les vertus s'étendent à la magnificence de la faune et de la flore que l'ethnologie doit auprès du public une grande partie de

1. Rappelons qu'en 1550, Montaigne se rend à Rouen pour voir une cinquantaine de « cannibales » qu'il considérera comme moins barbares par rapport « à nous qui les surpassons en toute sorte de barbarie ».

2. Voici, par exemple, ce qu'écrit Bougainville dans son *Voyage autour du monde* : « Jour et nuit les maisons sont ouvertes. Chacun cueille les fruits sur le premier arbre qu'il rencontre, en prend dans la maison où il entre [...] ici, une douce oisiveté est le partage des femmes, et le soin de plaire leur plus précieuse occupation [...] La plupart de ces nymphes étaient nues [...] Les femmes paraissent ne pas vouloir ce qu'elles désirent le plus [...] Tout rappelle à chaque instant les douceurs de l'amour, tout crie de s'y livrer. »

son succès. Mais il convient de revenir au XVIe siècle pour comprendre comment va s'élaborer ce savoir du regard, constitutif de cette discipline.

Au début l'autre n'est pas véritablement regardé, mais rêvé et imaginé à travers ce que l'on sait déjà. La description ramène la vue au déjà vu, le voir est pour ainsi dire seulement entrevu à partir d'un savoir préalable auquel il est immédiatement rapporté. Acosta qualifie le lama de « brebis du Pérou », Oviedo appelle les lézards des dragons, Pierre Martyr d'Angleria confond les lamantins et les sirènes. Christophe Colomb pense qu'il accoste au Japon, alors qu'il se trouve sur ce que l'on va appeler Haïti. Il appelle Chine l'île de Cuba. Et tout est à l'avenant. Le processus de transformation de la vision en écriture est déclenché, pour la plupart des voyageurs, par un véritable éblouissement scopique de la nature et des « naturels ». Et cet éblouissement va les conduire, dans un jeu subtil de relations entre le voir et le croire, à introduire de la jubilation dans le texte. Ainsi Christophe Colomb, dans son *Premier Voyage* : « Ils sont si naïfs et généreux qu'il faut le voir pour le croire. » Ou encore : « Les arbres sont si hauts qu'ils semblent toucher le ciel ; et, si j'ai bien compris, ils ne perdent jamais leurs feuilles : car je les ai vus aussi verts et frais en novembre qu'ils sont au mois de mai en Espagne. » Las Casas, écrit, quand à lui, dans sa *Très Brève Relation sur la destruction des Indes* : « Là j'ai vu des cruautés si grandes que jamais les vivants n'ont vu [...] J'ai vu beaucoup d'Indiens jetés aux chiens. J'ai également vu brûler tant de maisons [...] J'en parle en toute connaissance de cause d'après ce que je sais et ce que j'ai vu [...] Je veux bien le croire, car j'ai vu de mes propres yeux... »

Si l'ouvrage de Jean de Léry, *Histoire d'un voyage fait en la terre du Brésil* est différent de tous les récits de voyage qui sont publiés à la même époque, c'est parce qu'il procède d'un souci d'observation beaucoup plus affiné et rigoureux qui, pour la première fois, ne privilégie plus le global et le général sur le local et le particulier[1]. C'est surtout parce qu'il quitte le point

1. Il est question « non pas de l'Amérique en général, mais seulement de l'endroit où j'ai demeuré environ un an : à savoir le tropique de Capricorne, entre les sauvages nommés Touioupinamboults », écrit Léry, qui déclare également « Mon intention et mon sujet seront en cette histoire, de seulement déclarer ce que j'ai pratiqué, vu, ouï, observé », « il s'agit de science, c'est-à-dire de vue et d'expérience ».

de vue normatif (aucune indignation, par exemple, sur le traitement infligé aux victimes) au profit d'un point de vue descriptif (des observations notamment de la manière dont sont assommés, coupés, cuits, assaisonnés puis dégustés les prisonniers). Léry ne cherche pas à transformer les Tupinambas, mais bien plutôt à transformer son regard à leur contact. Il témoigne ainsi de l'éclatement possible de la pensée occidentale, moins d'ailleurs en prononçant la condamnation de la civilisation qu'en estimant que la « sauvagerie » n'est ni inférieure, ni supérieure, mais différente.

Ainsi, cette époque, très timidement il est vrai, et par quelques-uns seulement de ses esprits les moins orthodoxes, permet, à partir de l'observation directe d'un objet distant (Léry) et de la réflexion à distance sur cet objet (Montaigne), la constitution progressive de ce qui deviendra — mais beaucoup plus tard — l'anthropologie.

2. Le XVIIIe : De Gérando et la « Société des observateurs de l'homme »

Ce n'est qu'au XVIIIe siècle que commence à se constituer le projet anthropologique à proprement parler. Il suppose :

1. la construction d'un certain nombre de concepts et d'abord le concept même d'homme, non seulement comme sujet, mais comme objet du savoir, démarche résolument inédite, puisqu'elle introduit la dualité propre aux sciences exactes (le sujet observant et l'objet observé) au cœur de l'homme lui-même ;
2. la construction d'un savoir non seulement de réflexion, mais d'observation, c'est-à-dire un nouveau mode d'accès à l'homme, que l'on considère dans son existence concrète, engagé dans les déterminations de son organisme, de ses rapports de production, de son langage, de ses institutions, de ses comportements. Ainsi va se mettre progressivement en place la positivité d'un savoir empirique (et non plus transcendantal) sur l'homme en tant qu'être vivant (biologie), travaillant (économie), pensant (psychologie), parlant (linguistique) ;

3. une méthode d'observation et d'analyse : la méthode inductive. Les groupes sociaux (que l'on commence à comparer à des organismes vivants) peuvent être considérés comme des ensembles « naturels » qui doivent être étudiés empiriquement, en partant de l'observation de faits, afin de dégager des lois.

Ce projet d'une connaissance positive de l'homme est un événement considérable dans l'histoire de l'humanité. Un événement qui s'est produit en Occident au XVIIIe siècle, qui n'est certes pas né du jour au lendemain, mais qui a fini par s'imposer puisqu'il est devenu résolument constitutif de la modernité dans laquelle, à partir de cette époque, nous sommes entrés. Afin de mieux mesurer la nature de cette véritable révolution de la pensée — qui instaure une rupture tant avec l'humanisme de la Renaissance qu'avec le « rationalisme » du siècle classique, lequel exclut de la connaissance ces quatre figures de l'irrationalité que sont le fou, l'enfant, la femme, le sauvage et consacre la suprématie de la « raison » sur la vision —, examinons de plus près ce qui a résolument changé depuis le XVIe siècle.

1. C'est d'abord la nature des objets observés. Les récits des voyageurs du XVIe siècle étaient plus une **quête cosmographique** qu'une enquête ethnographique. L'objet de l'observation concernait davantage le ciel, la terre, la faune et la flore que l'homme lui-même, et, lorsqu'il était question de ce dernier, c'était essentiellement l'homme physique qui était pris en considération. Or, le XVIIIe siècle trace la première esquisse de ce qui deviendra une anthropologie sociale et culturelle.

2. Simultanément, l'accent se déplace peu à peu de l'objet d'étude à l'**activité épistémologique** elle-même. Les voyageurs du XVIe et du XVIIe siècle collectaient des « curiosités ». Des esprits curieux rassemblaient des collections qui allaient former les fameux « cabinets de curiosités », ancêtres de nos musées contemporains. Au XVIIIe, on se demande : comment collecter ? et comment maîtriser ensuite ce que l'on a collecté ? Avec l'*Histoire générale des voyages* de l'abbé Prévost (1746), on passe de la collecte des matériaux à la collection des collectes. Il ne suffit plus d'observer, il faut procéder à l'observation de ce que l'on observe. Il ne suffit plus d'interpréter ce que l'on observe, il faut interpréter les interprétations. Et c'est de ce redoublement, c'est-à-dire de ce discours sur le discours que va précisément jaillir une

activité d'organisation et d'élaboration. En 1789, de Chavanne, le premier, nommera cette activité. Il l'appellera l'ethnologie.

3. C'est enfin au XVIIIe que se forme le **couple du voyageur et du philosophe** : le voyageur (Bougainville, Maupertuis, la Condamine, Cook, La Pérouse…) effectuant des « voyages philosophiques », précurseurs de nos contemporaines missions scientifiques ; le philosophe (Buffon, Voltaire, Rousseau, Diderot) « éclairant » de ses réflexions les observations rapportées par le voyageur. Mais ce couple n'a vraiment rien d'idyllique. Quel dommage, se dit Rousseau, que les voyageurs ne soient pas des philosophes ! À quoi Bougainville répond du tac au tac : quel dommage que les philosophes ne soient pas des voyageurs ! Pour le premier, comme pour tous les philosophes naturalistes du siècle des Lumières, s'il est capital d'observer, encore faut-il que l'observation soit éclairée. Une priorité est donc ainsi conférée à l'observateur, qui, pour appréhender correctement son objet, doit posséder un certain nombre de qualités.

C'est ainsi qu'en vient à se constituer, à la charnière du XVIIIe et du XIXe siècle, la Société des observateurs de l'homme (1799-1805), formée de ceux que l'on appelle alors les « idéologues », qui sont des philosophes, des naturalistes, des médecins, définissant très clairement ce que doit être le champ du nouveau domaine du savoir (l'homme dans ses aspects physiques, psychiques, sociaux, culturels) et quelles doivent en être les exigences épistémologiques. Les *Considérations sur les diverses méthodes à suivre dans l'observation des peuples sauvages* de De Gérando (1800) sont exemplaires à cet égard. Première méthodologie du voyage, destinée aux chercheurs d'une mission dans les « Terres australes », ce texte est une critique de l'observation sauvage du sauvage, visant à guider le regard de l'observateur. Le savant naturaliste doit être lui-même le témoin oculaire de ce qu'il observe, car la nouvelle science — qualifiée de « science de l'homme » ou « science naturelle » — est une « science d'observation ».

Mais le projet de De Gérando, qui consistait à poser les bases d'une science du regard non seulement de l'homme physique, mais aussi de l'homme social et culturel, ne fut pas mis à exécution. La fin du XVIIIe siècle joua un rôle capital dans l'élaboration d'une ethnographie et d'une anthropologie scientifique, mais l'époque n'était pas encore assez mûre pour aller plus loin.

3. Boas et Malinowski

La révolution qui va se produire dans notre discipline dans le premier tiers du XXe siècle met fin à la répartition des tâches, habituellement partagées jusqu'alors entre l'observateur (voyageur, missionnaire, administrateur) voué au rôle subalterne de pourvoyeur d'informations et le chercheur érudit, qui, resté dans la métropole, reçoit, analyse et interprète — activité noble ! — ces informations. Le chercheur comprend désormais qu'il lui faut quitter son cabinet de travail. Il réalise qu'il doit lui-même effectuer sur le terrain sa propre recherche, et que ce travail d'observation directe fait partie intégrante de cette recherche. Pour la première fois, le théoricien et l'observateur sont enfin réunis. On assiste à la réalisation d'une véritable ethnographie professionnelle qui ne se contente plus seulement de collecter des matériaux, mais tente de comprendre ce qui fait la spécificité d'une culture donnée.

Franz Boas (1858-1942)

Il est certainement l'un de ceux qui ont le plus contribué à cette mutation. Dans ses recherches sur les Kwakiutl et les Chinook du Canada, il nous montre que sur le terrain, tout doit être noté : depuis les matériaux constitutifs des maisons jusqu'aux notes des mélodies que chantent les Esquimaux, et cela dans les moindres détails. Il estime qu'il n'y a pas d'objet noble et d'objet indigne de la science et que par exemple les plaisanteries d'un conteur sont aussi dignes d'intérêt que la mythologie qui exprime le patrimoine métaphysique du groupe. La manière, en particulier, dont les sociétés traditionnelles, par la voix des plus modestes d'entre eux, classent leurs activités mentales et sociales, doit être prise en considération. Boas annonce ainsi la constitution de ce que nous appelons aujourd'hui les « ethnosciences ». Enfin, il est un des premiers à nous avoir montré non seulement l'importance, mais aussi la nécessité, pour l'ethnologue, d'avoir accès à la langue de la culture dans laquelle il travaille. Les traditions qu'il étudie ne sauraient lui être traduites. Il doit les recueillir lui-même dans la langue de ses interlocuteurs.

Bronislaw Malinovski (1884-1942)

Boas visait à dresser des répertoires exhaustifs, et nombre de ses successeurs aux États-Unis (Kroeber, Murdock…) s'attacheront à établir des corrélations entre le plus grand nombre de variables possibles. Cette démarche apparaît à Malinowski particulièrement aberrante. Il convient au contraire, selon lui, comme il va en donner l'exemple, de montrer qu'à partir d'une seule coutume, voire d'un seul objet (par exemple le canoë trobriandais) en apparence très simple, c'est toute la société qui se profile. Instaurant une rupture avec l'histoire conjecturale (la reconstitution spéculative des stades), mais aussi avec la géographie spéculative (la théorie diffusionniste, qui tend, au début du siècle, à prendre le relais de l'évolutionnisme, et postule l'existence de centres de diffusion de la culture, qui se transmet par emprunts), Malinowski estime qu'une société doit être étudiée comme une totalité, telle qu'elle fonctionne au moment même où l'on observe. On mesure le chemin parcouru depuis Frazer, qui fut pourtant le maître de Malinowski. Lorsque l'on demandait au premier pourquoi il ne partait pas lui-même observer les sociétés à partir desquelles il avait construit son œuvre, il s'écriait : « Dieu m'en préserve ! » *Les Argonautes du Pacifique occidental*, pourtant publié seulement quelques années après la fin de la parution du *Rameau d'or*, et préfacé, notons-le, par Frazer lui-même, procède d'une démarche rigoureusement inverse. D'une part l'ethnologie devient, pour l'une des toutes premières fois, une activité de « plein air » menée, pourrait-on dire, en direct « dans une nature vaste, vierge et ouverte ». D'autre part elle consiste à analyser d'une manière intensive et continue une microsociété sans se référer à son histoire.

Si l'œuvre (et la personnalité même) de Malinowski a sans doute été la plus controversée[1] de toute l'histoire de l'anthropologie, il n'empêche que ce que nous lui devons demeure, aujourd'hui encore, considérable. Comprenant que le seul mode de connaissance en profondeur des autres est la participation

1. Bateson parle d'« approche organiciste des phénomènes sociaux », Parsons de « malencontreuse incursion dans le domaine de la sociologie », et Lévi-Strauss de « grand malheur dans l'histoire de l'ethnographie ».

à leur existence, il invente littéralement et met en pratique le premier l'observation participante, et nous donne l'exemple de ce que doit être l'étude intensive d'une société qui nous est étrangère. Le fait d'effectuer un séjour de longue durée, en s'imprégnant de la mentalité de ses hôtes et en s'efforçant de penser dans leur propre langue, peut paraître banal aujourd'hui. Ce ne l'était pas dans les années 1914-1920 en Angleterre, et encore moins en France. Malinowski nous a appris à regarder. Il nous a donné l'exemple de ce que devait être une recherche de terrain, qui n'a plus rien à voir avec l'activité de « l'enquêteur » questionnant des « informateurs ».

Enfin, l'une des très grandes qualités de Malinowski, c'est sa faculté de restitution de l'existence de ces hommes et de ces femmes qui ne peuvent être connus qu'à travers une relation et une expérience personnelles. Même lorsqu'il étudie des institutions, ce ne sont jamais pour lui des abstractions régulatrices de la vie d'acteurs anonymes. Dans *Les Argonautes du Pacifique occidental* comme dans *Les Jardins de Corail*, il fait revivre pour nous ce peuple trobriandais qu'on ne pourra plus jamais confondre avec d'autres populations. Or, cette exigence de mener un projet scientifique sans renoncer à la sensibilité artistique est peut-être le propre de l'anthropologie. Malinowski ne nous a pas seulement appris à voir, mais à décrire ce que l'on voit : les scènes de la vie quotidienne dans leur relief et leur couleur. Sur ce point, *Les Argonautes* me semble exemplaire. C'est un livre écrit dans un style magnifique qui rapproche son auteur d'un autre Polonais ayant, comme lui, vécu en Angleterre et s'exprimant en anglais : Joseph Conrad, et qui annonce les plus belles pages de *Tristes Tropiques* de Lévi-Strauss.

4. Claude Lévi-Strauss

La réflexion sur le regard et sur le langage est au cœur de l'œuvre de Lévi-Strauss. Si l'originalité du regard anthropologique au cours de son histoire a consisté dans un mouvement de va-et-vient incessant entre le dedans et le dehors, le proche et le lointain, le fondateur de l'anthropologie structurale a, lui, résolument privilégié la distance : pour observer scientifiquement un phénomène, il convient de se situer à l'extérieur ; pour vraiment comprendre une société, il est préférable de ne pas en faire parti[1].

À la lecture d'ouvrages comme *Le Regard éloigné* (1983) et plus encore dans des entretiens avec Didier Éribon intitulés précisément *De près et de loin* (1988), on mesure à quel point le regard de Lévi-Strauss est un regard d'hypermétrope, comme on l'a dit de Stendhal, mais surtout un regard sceptique et désabusé, notamment à l'égard de l'Occident, à l'exact opposé par exemple du regard du Quattrocento, de cet « œil moral et spirituel » dont parle Pierre de Limoges dans *De oculo morali et spirituali*. Mais il convient de revenir ici sur la phrase de Rousseau souvent cité par Lévi-Strauss et que nous avons placée en exergue de ce chapitre : « Quand on veut étudier les hommes, il faut regarder près de soi, mais pour étudier l'homme, il faut apprendre à porter sa vue au loin. » « Étudier les hommes », c'est la tâche de l'ethnologie et aussi de l'ethnographie, alors qu'« étudier l'homme », c'est le projet de l'anthropologie. Lévi-Strauss, lui, est délibérément anthropologue. Lorsqu'il se réfère encore à Rousseau, « observateur doté d'une sensibilité à vif », c'est notamment pour montrer que le mode de rationalité qu'il s'efforce lui-même de construire, loin de viser la séparation entre le sensible et l'intelligible, doit au contraire les réconcilier dans ce qu'il appelle une « science du concret ». Si les deux auteurs sont animés par une même ambition de réconciliation de la sensibilité et de l'intelligibilité, Lévi-Strauss réalise aussi tout ce qui le sépare de l'auteur des *Confessions*. Cette réconciliation, entreprise à partir de l'affectivité chez Rousseau, est conduite par l'auteur de *La Pensée sauvage* à partir de l'intellect qui se donne comme modèle l'étude analytique des structures du langage.

1. Machiavel écrit *Le Prince* en quittant Florence, ville des jeux du pouvoir, et en arrive à cette conclusion : « Tout comme ceux qui veulent étudier la carte d'un pays demeurent en plaine pour observer la forme et le caractère du relief mais vont en montagne pour identifier les propriétés de la plaine, il faut être un prince si on veut comprendre les propriétés du peuple et être du peuple si on veut comprendre la nature princière. » Au propos de Machiavel et à la vision distante de Lévi-Strauss répond comme en écho l'intuition de Roland Barthes (1981, p. 102) : « L'histoire est hystérique : elle ne se constitue que si on la regarde — et pour la regarder il faut être exclu [...] Michelet n'a pour ainsi dire rien pu écrire sur son propre temps. »

Il nous semble néanmoins qu'il serait tout à fait dérisoire de réduire l'apport d'une œuvre comme celle à laquelle nous sommes confrontés ici en rapport à l'objet de ce livre à l'image singulièrement ternie ou caricaturale que nous pouvons avoir aujourd'hui du « structuralisme ». Le dernier ouvrage de Lévi-Strauss, *Saudades do Brasil* (1994), est sans doute le texte le plus descriptif de toute la littérature anthropologique. C'est aussi un texte qui, revenant au point de départ d'une vocation et d'une expérience, nous donne à tous une singulière leçon de modestie. Au Brésil, entre 1935 et 1938, Lévi-Strauss photographie minutieusement les Bororo et les Nambikwara. Il rapporte trois mille photos et, près de soixante ans plus tard, en sélectionne cent quatre-vingt qu'il accompagne de courtes descriptions.

Mieux que les écrits explicatifs, ces images et les descriptions précises qui se renvoient les unes aux autres montrent toute la tendresse que le savant manifeste à l'égard de ces cultures amérindiennes qui ne sont plus ce qu'elles étaient à l'époque où on été prises les photographies. Sec, intellectualiste, homme de l'abstraction et de la pensée conceptuelle, c'est le plus souvent en ces termes qu'est présenté le théoricien du « structuralisme » contemporain. Ce livre exprime l'étonnante sensibilité de l'écrivain, de l'ethnographe et du photographe Lévi-Strauss.

5

LES MODÈLES DE LA DESCRIPTION ETHNOLOGIQUE

1. LE MODÈLE DES SCIENCES NATURELLES

1. La toute première forme d'observation et de description scientifique a été l'observation et la description de la nature. Renonçant à connaître par ouï-dire, les sciences naturelles (qualifiées aussi d'histoire naturelle) ouvrent l'espace d'un savoir presque exclusivement visuel. Ainsi que l'écrit Tournefort, les plantes sont étudiées « telles qu'elles tombent sous les yeux ». Nous sommes en présence d'une forme de connaissance qui trouve son impulsion dans une curiosité pour l'extrême diversité et l'incroyable particularité des espèces qui vont être à la fois distinguées et rapprochées à partir de leurs surfaces visibles. Ces espèces — qui suscitent souvent d'autant plus d'étonnement qu'elles sont exotiques — s'imposent au regard en se décomposant en groupes, en genres et en familles : les reptiles, les poissons, les oiseaux et les mammifères pour les animaux, les graminées, les composées, les crucifères, les légumineuses pour les plantes, formées elles-mêmes de cinq parties : les racines, les tiges, les feuilles, les fleurs, les fruits qui forment des séries décrites à leur tour élément par élément. Dans ces conditions, aucune feuille, aucune écorce, aucune tige, aucune plume d'oiseau ne peut se confondre avec celle d'une espèce différente.

Linné, qui est le fondateur de l'**ordre descriptif**, c'est-à-dire de la description comme ordre, répartit les plantes en vingt-quatre classes à partir du nombre et de la disposition des étamines, subdivise ces classes à partir du nombre et de la description des carpelles formant le pistil. Il recommande en outre que la description suive l'ordre suivant : le nom, le genre, l'espèce, les attributs, l'usage et enfin ce qu'il appelle « *litteraria* », dont la description relève plus de l'imaginaire.

La description naturaliste ainsi conçue ne peut jamais céder aux risques de l'improvision et être prise en défaut. Comme l'a montré Michel Foucault dans

Les Mots et les choses, elle est constituée, de Linné à Buffon, d'un nombre restreint d'opérations : « quatre variables et quatre variables seulement » qui sont le nombre d'éléments, leur forme, leur taille et leur disposition, c'est-à-dire la manière dont ils se distribuent dans l'espace.
2. La manière dont se répartissent ces éléments — corolle, étamines, calices, pistil — manifeste peut-être une organisation parfaite de l'ordre naturel, mais certainement avant tout du langage. La nature en effet ne se donne à l'œil du botaniste, du zoologiste ou de l'herboriste qu'à travers un réseau de dénomination, et la connaissance descriptive est dans ces conditions connaissance du nom, acte de désignation du visible dans sa simplicité et sa perfection qui situe l'ensemble des êtres naturels les uns par rapport aux autres dans des relations génériques et classificatoires. La connaissance descriptive, soyons plus précis encore, comme nous y engage cette pensée florale, animalière et minéralogique, n'est d'ailleurs pas tant une connaissance qu'une reconnaissance fondée sur une identification infaillible et une adéquation parfaite du visible comme ce qui peut être nommé et du nom comme ce qui peut être perçu. Le naturaliste est à la fois un homme de l'œil et des mots, du regard et du langage. Il exerce une activité simultanément visuelle et linguistique dans laquelle connaître, reconnaître, recueillir, regarder, nommer, identifier, classer, conserver (au sens muséographique du terme) sont une seule et même opération.

Étudiant l'évolution entre l'« organisation des êtres » et « la flexion des mots » à la fin du XVIIIe siècle, Michel Foucault estime que « l'histoire naturelle est une science, c'est-à-dire une langue bien faite », une activité de « nomination généralisée » excluant le confus, l'approximatif, l'incertain, l'équivoque et exigeant la sobriété, la purification de toute évaluation, de tout commentaire, une langue visant la positivité et la neutralité de ce que l'on appelle les « noms communs ».

Toute la question est de savoir quelle est la pertinence de ce modèle en anthropologie. On rappellera que l'idéal de Radcliffe-Brown était de fonder « une science naturelle de la société » et que pour Lévi-Strauss, « si l'anthropologie sociale se résigne à faire son purgatoire auprès des sciences sociales, elle ne désespère pas de se réveiller parmi les sciences naturelles à l'heure du jugement dernier. »

2. Le modèle du roman naturaliste

Avec le roman naturaliste, qui triomphe en France à la fin du XIXe siècle, nous passons de la description des plantes et des animaux à la description des groupes sociaux appréhendés comme des phénomènes naturels ainsi que l'indique clairement le sous-titre des *Rougon-Macquart* de Zola : « Histoire naturelle et sociale d'une famille sous le Second Empire ». Mais le contexte n'est plus le même, l'histoire a changé, qui fournit à la description un modèle fort différent : le modèle positiviste de l'observation et de l'expérimentation. Dans *Le Roman expérimental* publié en 1879, Zola estime que les faits sociaux doivent être recueillis et expliqués à partir de la méthode qui est celle de Claude Bernard. Il écrit : « Je n'aurai à faire ici qu'un travail d'adaptation, car la méthode expérimentale a été établie avec une force et une clarté merveilleuse par Claude Bernard dans son *Introduction à la médecine expérimentale*. »

Pour cette famille de pensée qui lie des peintres (Courbet, Manet, Pissarro) et des écrivains (Zola, Huysmans, Jules et Edmond de Goncourt, puis Octave Mirbeau et Alphonse Daudet), le romancier est un observateur-enregistreur (« Il s'agit uniquement d'enregistrer des faits humains », Zola) et le roman, une activité simultanément descriptive et explicative. Des critiques littéraires comme Champfleury et Duranty, pour marquer leur opposition tant à la fiction romantique qu'à la conception littéraire de l'art pour l'art, qualifieront cette entreprise de « réaliste » : « le réalisme, écrit Duranty, est l'étude de notre époque. Il ne déforme rien et, pour cela, il représente le côté social de l'homme. L'artiste a un but philosophique pratique, utile, non divertissant ».

L'écrivain-chercheur a alors recours à la documentation la plus complète possible. Il recueille des notes (Flaubert a des « calepins », Zola tient un « journal » et Daudet consigne ses observations sur des « petits cahiers »), constitue un dossier, mène une enquête. Pour écrire *Salammbô*, Flaubert effectue un voyage en Tunisie, pour préparer *Madame Gervaisais*, les Goncourt vont à Rome, et pour *Sœur Philomène*, ils se rendent à l'hôpital de la Charité. Ils effectuent davantage des reportages que des séjours prolongés. Il n'empêche que les Goncourt, pour rédiger *La Fille Élisa*, passent plusieurs heures dans la prison de femmes de Clermont, que Zola s'imprègne de la vie des halles pour écrire *Le Ventre de Paris* et qu'il descend dans un puits de mine d'Anzin pour composer *Germinal*.

Ce changement de méthode s'accompagne également d'un élargissement des objets d'études, dans un projet que l'on pourrait qualifier de sociologique plus que d'ethnologique, si l'on admet avec Gérard Leclerc (1979) que la sociologie a plutôt tendance à s'intéresser aux indigents alors que l'ethnologie se tourne plutôt du côté des indigènes. Les romanciers du réel accompagnent la révolution industrielle en sociographes attentifs, dont les descriptions cherchent à rendre compte pour la première fois de l'univers de la machine, symbole de la modernité, de la ville et à l'intérieur de celle-ci, de la vie de l'atelier, des gares, des grands magasins. Ce sont les foules anonymes, les petites gens comme dans *Marthe, histoire d'une fille* (1876), *Les Sœurs Vatard* (1879), *En ménage* (1881), *À vau l'eau* (1882) de Huysmans, qui intéressent en priorité le roman, que Daudet définit comme « l'histoire des gens qui n'auront jamais d'histoire ». Le cycle des *Rougon-Macquart* d'Émile Zola entend rendre compte, quant à lui, de la totalité des milieux sociaux de cette époque : bourgeois (dans *Pot-Bouille* et *La Curée*), classes populaires (dans *L'Assommoir*), hommes, femmes et enfants appartenant à la marginalité urbaine : des artistes, des vagabonds, des mendiants, des putains, des criminels (en particulier dans *Nana* et *La Bête humaine*).

Le roman du réel présente deux particularités :

1. La théorie du milieu, esquissée par Balzac, s'y épanouit. *Le Père Goriot* traçait un portrait complet de la personnalité sociale de Mme Vauquer, qui est, à la fin de la description, tout entière récapitulée dans un raccourci saisissant : « Enfin toute sa personne explique la pension, comme la pension sa personne. » Les écrivains de la génération naturaliste vont procéder à la radicalisation de cette relation à la fois de causalité et d'harmonie entre l'homme et son milieu social. Zola estime que la description n'est rien d'autre que le compte rendu d'« un état du milieu qui détermine et complète l'homme ». Dans son article « De la description » (1892), il précise sa pensée : « Nous estimons que l'homme ne peut être séparé de son milieu, qu'il est complété par son vêtement, par sa maison, par sa ville, par sa province ; et, dès lors,

nous ne noterons pas un seul phénomène de son cerveau et de son cœur, sans en chercher les causes ou le contrecoup dans le milieu. De là ce qu'on appelle nos éternelles descriptions[1]. »

2. Les auteurs en question sont des écrivains de l'« instantanéité », contemporains des peintres impressionnistes et des premiers photographes. Si pour eux la description revêt toujours un caractère explicatif, elle concerne exclusivement la présence et le présent de ce qui est décrit, jamais son passé. Ils manifestent par leur écriture vive et incisive — le journalisme est passé par là — des préoccupations de lexicographes et non pas de grammairiens.

L'imitation

Il existe en littérature une double orientation : transcriptive, valorisant le « contenu » ; constructive, à la recherche de la forme. La description naturaliste appartient résolument à la tradition mimétique et référentielle de la littérature occidentale qu'Erich Auerbach, dans *Mimesis* (1994), envisage comme une vaste entreprise visant, depuis l'Antiquité grecque, à la représentation la plus précise et la plus exhaustive de la réalité. Le réalisme, qui constitue l'aboutissement de cette tradition, en exprime simultanément les limites et le caractère problématique, ainsi que l'a reconnu lui-même Huysmans dans *À rebours*, qui savait de quoi il parlait, puisqu'il appartenait initialement à ce courant de pensée. Le réalisme prétend nous faire pénétrer au cœur de la réalité alors qu'il nous en éloigne en nous en donnant une compréhension simplifiée. Ne posant jamais la question des rapports du langage et de la réalité, il entend donner de cette dernière une copie fidèle et objective, dans la coïncidence parfaite entre les mots et les choses. C'est ce que Roland Barthes a appelé dans *Le Bruissement de la langue* (1993, pp. 179-187) l'« effet de réel ».

Il se pourrait bien que nombre d'anthropologues soient à leur insu des écrivains réalistes. La démarche qui vise à la description la plus complète d'un groupe humain par l'observation distancée de la « réalité sociale » est

1. É. Zola, *Œuvres complètes*, Paris, Cercle du livre précieux, 1966-1970, vol. 10, pp. 1299-1300.

commune aux courants positiviste des sciences sociales et naturaliste du roman. De même la perspective balzacienne qui privilégie le caractère éminemment social et même socio-économique des situations (décrites dans leur extériorité) et des personnages (qui, chez Balzac, se confondent avec leur fonction et statut) correspond à une tendance bien vivante de l'anthropologie et peut être plus encore de la sociologie. Il faut attendre la révolution romanesque des années 1920, révolution qui, bien entendu, n'est pas née brusquement, mais a été graduellement préparée par des écrivains comme Stendhal, Flaubert, Henry James, pour réaliser que le champ de la description est éminemment tributaire de la multiplicité des points de vue. Et ce n'est à mon avis qu'à partir des *Enfants de Sanchez* d'Oscar Lewis (publié pour la première fois en 1959, Paris, Tel/Gallimard, 1991) — décrit à partir des regards croisés (convergents, divergents) d'une famille mexicaine — que la conception balzacienne et durkheimienne postulant l'unité de l'homme et du social, de l'individu et de son milieu est pour la première fois véritablement remise en question en anthropologie.

3. Le modèle pictural : L'idéal du tableau et du portrait

L'univers de la peinture, qui est celui de la visibilité, constitue l'un des grands modèles de la description. Décrire, c'est « peindre » la réalité, c'est montrer des objets dans la simultanéité et non dans leur succession, et un grand nombre de questions posées par l'ethnographie — et tout spécialement la monographie — rencontre tout naturellement le modèle pictural, en particulier l'idéal du portrait et du tableau.

1. La peinture, c'est un certain mode de pensée : une pensée visuelle qui est une pensée de l'espace, d'un espace qui ne va jamais de soi, puisqu'il est décomposé et recomposé, c'est-à-dire interrogé à partir de la profondeur, de la couleur (Gauguin, Van Gogh), des lignes, des proportions, des contours, qui ne sont pas plus les ornements d'une idée que le texte descriptif n'est un exemple chargé d'illustrer un contenu.

Cet espace pictural, appréhendé à partir de « ce que pensent nos yeux » (Cézanne) dans une opération au cours de laquelle « la vision », comme le dit Merleau-Ponty, « se fait geste », concerne essentiellement le rapport du sens et de la forme. Peindre consiste moins dans une « observation » que dans une « construction active de la forme », estime Paul Klee, qui ajoute : « l'art ne reproduit pas le visible, il rend visible ». Il rend visible ce que l'œil non averti ou plutôt trop habitué ne percevait pas. Wölfflin dans ses *Principes fondamentaux de l'histoire de l'art* (Paris, Gallimard, Idées, 1995) a trouvé le mot juste : avec la peinture, « non seulement on voit autre chose, mais on voit autrement ».
2. Ce dernier point nous permet de mettre en évidence le fait que l'histoire du regard et de l'écriture picturale introduit une série de révolutions de l'espace. Pendant des siècles, c'est l'observateur immobile doté d'une vision monoculaire instantanée qui a régné en maître, et ce que l'on cherchait à décrire se trouvait enfermé dans le cube scénographique d'Alberti. C'est Degas en particulier qui introduit la possibilité des visions successives qui vont engager la recherche plastique dans le mouvement de l'espace-temps[1] et permettre, mais beaucoup plus tard, la réalisation de tableaux comme *Le Nu descendant un escalier* de Marcel Duchamp. L'école impressionniste et la photographie découvrent simultanément que lorsque l'œil se déplace, le monde se modifie. Contrairement à l'œil unique, rivé à un mètre du sol selon la règle albertinienne, l'angle de vue se diversifie : on s'éloigne, on se rapproche, ce qui permet de passer du panorama au gros plan, c'est-à-dire à la description des moindres détails.

Il se pourrait bien que la peinture, au sens académique du terme, ait commencé comme les débuts du roman et aussi comme les débuts de l'ethnologie : par la perspective ouverte par les voyages et l'aventure illimités (Piero Della Francesca, *La Reine de Saba* ; Tintoret, *La Voie lactée* ; Léry, *Histoire d'un voyage fait en la terre du Brésil* ; Thevet, *Les Singularités de la France antarctique* ; Cervantès, *Don Quichotte* ; Diderot, *Jacques le Fataliste*). Puis, tant en peinture, en ethnologie que dans le roman, le lointain cède progressivement la place au prochain.

1. Il conviendrait ici de montrer ce que le renouveau de la représentation de l'espace doit aussi à l'évolution de la physique.

À mesure que l'univers est découvert, on revient chez soi et, comme dans Madame Bovary, on explore le quotidien.
3. Une autre question, qui mérite elle aussi une réflexion attentive que nous ne pouvons ici qu'esquisser, est de savoir si le peintre ou l'ethnologue sont des spectateurs se tenant en dehors de la toile ou de l'espace observé. L'auteur se tient-il toujours d'un seul côté du comptoir, servant et observant les personnages ou, comme les patrons à l'ancienne, vient-il boire un coup avec ses clients ? Velasquez, nous l'avons vu, nous donne un début de réponse possible en entrant lui-même dans le tableau. Et Malinowski, surtout dans son *Journal d'ethnographe*, est tout entier non pas devant mais parmi les Trobriandais.

L'un des grands intérêts de la peinture — en particulier depuis Paul Klee — pour l'objet même de ce livre est de nous montrer qu'entre l'œil et le monde, les rôles tendent à tout moment à basculer. « Dans une forêt, j'ai senti à plusieurs reprises que ce n'était pas moi qui regardais la forêt. J'ai senti, certains jours, que c'étaient les arbres qui me regardaient », nous dit André Marchand. Ce mouvement alterné entre saisir et être saisi, prendre et se laisser prendre, s'éprendre et se déprendre est également à l'œuvre, nous l'avons vu, dans l'« observation participante ». Michel Leiris rédige sa thèse de doctorat sur *La Possession et ses aspects théâtraux chez les Éthiopiens de Gondar*. Mais c'est le même Leiris qui écrit par ailleurs : « j'aimerais mieux devenir possédé qu'étudier la possession. »

On voit tout ce que doit à la peinture la réflexion sur le regard et la recherche de formes inédites à partir de (voire contre) ce dernier. Parmi les auteurs qui peuvent le plus nous venir en aide pour penser la description ethnographique, c'est-à-dire la relation problématique de la vision et du langage, du sens et de la forme, et nous avons largement fait appel à eux depuis le commencement de ce livre, il y a Merleau-Ponty et Lévi-Strauss. La peinture tient une place majeure dans la réflexion de Merleau-Ponty sur la perception. On consultera en particulier l'un de ses dernier ouvrages (1988) consacré à une méditation sur Cézanne. Quant aux relations de Lévi-Strauss à la peinture, elles sont encore plus étroites. « La peinture », écrit Lévi-Strauss (dont il convient de rappeler que le père était peintre), est le « fait intime de ma culture et de ma biographie[1] ».

4. Le modèle de la photographie

4.1 Photographie et référentialité

Ce qui fonde la spécificité de la description photographique, c'est un lien absolument indéfectible avec son référent. Alors que la description naturaliste désigne et que la description picturale évoque ou suggère, l'image, elle, se donne toute entière comme substitut du réel. Elle n'appartient pas à proprement parler au registre des « représentations ». Toute photographie est photographie de quelqu'un ou de quelque chose. Vous pouvez bien affirmer sur la foi du serment que vous avez été le témoin oculaire de tel événement, mais jusqu'à quel point peut-on vous faire confiance ? La photographie, elle, met immédiatement un terme au scepticisme de la question et au doute de l'interprétation. Elle constate, authentifie, garantit. Elle est de l'ordre de la certitude, de l'évidence, plus encore de la preuve de l'objectivité des faits. Lorsque vous tenez une photographie entre les mains, il vous est impossible de nier que « ça s'est passé ainsi » ni que celui qui a été « pris » sur le cliché existe ou existait. Tout peut-être récusé dans l'existence, hormis la photographie.

4.2 Photographie et singularité

Il est impossible de parler de la photographie en général, mais seulement d'une photographie particulière qui est le redoublement d'une scène, d'un

1. Les *Mythologiques* sont illustrés du début à la fin par des dessins et des gravures. Pour la couverture du dernier volume, l'auteur a choisi une illustration de Paul Delvaux auquel il témoigne une profonde admiration. Cf. également les *Entretiens avec Georges Charbonnier* (Paris, 10/18, 1969), *Le Regard éloigné* (1988, et en particulier le chapitre 18, pp. 235-241, intitulé « Le contenu de la peinture ») ainsi qu'« En regardant Poussin » (1993, pp. 9-40).

paysage, d'un personnage à un moment donné, dans sa singularité et sa contingence. La photographie est vraiment le modèle parfait de la description de ce qui est unique et jamais ne se répète. Elle saisit le fugitif, l'évanescent, l'aléatoire, le singulier dans sa nudité et son silence, sans induire en elle-même le moindre lien de causalité, la moindre recherche d'un ordre caché derrière les apparences. Ce que l'on voit se suffit en lui-même et est au sens strict indiscutable. La photographie n'est pas bavarde et, par ailleurs, c'est une surface plane. Mais ce qu'elle nous montre, sans jamais avoir la prétention de rien démontrer, est en fait inouï. Elle nous montre la nature idiote de la réalité, au sens étymologique du terme (idiot = particulier) qui a été aussi retenu par Dostoïevski dans son roman du même nom. Le monde et les êtres sont là sans raison dans leur singularité, sans duplication possible dans l'ordre intellectuel de la structure ou le ciel platonicien des Idées. Ils se donnent à nous dans ce que Leibniz appelait leur stupidité.

« Je trouvai d'abord ceci. Ce que la photographie reproduit à l'infini n'a eu lieu qu'une fois : elle répète mécaniquement ce qui ne pourra jamais plus se répéter existentiellement. En elle, l'événement ne se dépasse jamais vers autre chose : elle ramène toujours le corpus dont j'ai besoin au corps que je vois ; elle est le Particulier absolu, la Contingence souveraine, mate et comme bête, le *Tel* (telle photo, et non la photo), bref, la *Tuchè*, l'Occasion, la Rencontre, le Réel, dans son expression infatigable. »

Roland Barthes, *La Chambre claire*, 1980, p. 15.

Les photographies posent néanmoins une question majeure : non celle de la véracité de l'objet présent, mais de l'inexorabilité du passé. Si leur fonction est de restituer, d'attester ce qu'elles attestent, c'est que le présent n'est plus. « C'était bien lui », « Cela s'est bien passé ainsi », mais cette présence est abolie par la distance du temps. Les photographies sont les traces tangibles non du présent et de la vie, mais du passé et de la mort.

4.3 Photographie et rationalité

Il convient enfin d'examiner les rapports de la photographie et de la science et plus particulièrement de l'ethnographie. Les instruments utilisés par un très grand nombre de chercheurs sont souvent des instruments d'optique dont l'invention et le perfectionnement accompagnent et même parfois précèdent les découvertes : il n'y aurait pas de chimie sans microscopes, pas d'astronomie sans télescopes, dont Flaubert disait que plus ils seraient parfaits, plus les étoiles seraient nombreuses, pas de recherche pathologique enfin, au sens contemporain du terme, sans le développement de ce que l'on appelle l'« imagerie médicale ». Dans le domaine des sciences humaines, c'est avec l'anthropologie physique et la psychiatrie que la première rencontre de la photographie et de la science s'est effectuée et a permis d'affiner le regard porté sur le corps. La photographie fait son entrée à la Salpêtrière dans les années 1870. La maladie, fixée sur la plaque photographique, est décrite avant d'être comprise. Charcot ne cesse d'inciter ses élèves à l'observation puis à la description des symptômes : « Regardez-bien ! » Ses leçons sont illustrées systématiquement par des photos qui deviennent le complément de la clinique proprement dite.

L'un des points de départ du recours à la photographie en anthropologie sociale et culturelle est certainement *Les Argonautes du Pacifique occidental* de Malinowski publié avec des photos prises à partir de 1914 par son auteur. Ce livre, décidément pionnier, va frayer la voie à ce que l'on appelle aujourd'hui l'anthropologie visuelle. Quelques années plus tard, Marcel Mauss, dans son enseignement à l'Institut d'ethnologie de Paris, recommande à ses étudiants, parmi les différentes méthodes d'observation, « la méthode photographique » : « tous les objets doivent être photographiés », dit-il, ajoutant même qu'il convient d'« employer si possible les photographies prises d'avion ». Il faudra néanmoins encore attendre une quinzaine d'années pour que la photographie ethnographique se dote d'un véritable statut : ce sera l'œuvre de Gregory Bateson et de Margaret Mead. À Bali, pendant deux ans, les deux chercheurs mettent en pratique les dernières pages de *Naven* :

« Nous ne pouvons seulement nous en tenir à des observations et à des entretiens. Nous avons besoin d'authentiques techniques d'analyses descriptives des gestes, des postures, des mimiques. » Ils prennent 25 000 photographies et reviennent également avec 7 000 mètres de pellicules 16 mm. *Balinese character : a photographic analysis*, publié en 1942, est le résultat de cette démarche. À partir de la description de 700 photos, Bateson et Mead nous montrent comment les filles et les garçons acquièrent corporellement et intériorisent les modèles d'apprentissage de la culture balinaise.

4.4 Le caractère irremplaçable de la photographie

Même si, depuis la fin du XIXe siècle, il existe une tradition de photographie scientifique, les rapports des hommes de science et des hommes d'images sont rarement des histoires d'amour. La photographie et le cinéma sont, en dépit d'exemples illustres (Lévi-Strauss, Jean Rouch...), encore largement tenus à l'écart de la science officielle. Dans une société comme la nôtre, qui est pourtant devenue une société de l'image, on juge davantage les gens à ce qu'ils disent et surtout à ce qu'ils écrivent qu'à ce qu'ils voient (la voyance) et à ce qu'ils montrent (des photos, des films). L'ordre du discours écrit (la thèse de doctorat, par exemple) continue à bénéficier d'un prestige beaucoup plus grand que l'image, et la photographie peut encore être l'objet d'un rejet du côté du divertissement, au mieux de l'illustration, à moins qu'elle ne soit renvoyée dans le domaine séparé de l'œuvre d'art. Si l'image, et en particulier l'image photographique, n'a pas toujours bonne réputation, c'est paradoxalement pour deux raisons rigoureusement inverses :

– contrainte à la réitération, elle serait une copie, un décalque sans grand intérêt[1] ;

1. Il existe une utilisation perverse de l'image et plus particulièrement de la photographie dans la publicité. Le sens y est exhibé dans sa clarté, son homogénéité et son inéquivocité. Organisé à partir d'une vision directe et hyperéclairée, nous sommes alors en présence d'une manipulation et d'une falsification du réel, appauvri, et devenu obscène.

– elle serait trompeuse et mensongère, nous conduisant à croire que ce que l'on regarde, c'est l'objet réel, alors que nous ne sommes en présence que de son simulacre.

On rappellera ici l'attitude de Flaubert qui s'est toujours vivement opposé à ce que ses textes soient accompagnés d'illustrations, alors qu'André Breton, dès les premières pages du premier *Manifeste du Surréalisme*, prononçait, quant à lui, un jugement sans appel contre les descriptions textuelles tant littéraires qu'ethnographiques et préconisait de les remplacer par des photos.

Au-delà de ces différentes positions, il nous semble que ce que nous pouvons apprendre au contact de la photographie et des photographes, voire en devenant nous-même photographe, est immense[1]. Dans la réalisation du fait que toute description est description d'un certain point de vue, la photographie (puis le cinéma) a précédé la science. Le fait de regarder et d'être regardé à travers ce que l'on appelle — le terme mérite d'être noté — l'« objectif » nous montre que c'est le regard lui-même (nécessairement parcellaire) qui détermine le champ, l'angle (nécessairement restreint), la profondeur. La réalité ne peut être perçue qu'à partir d'une vision particulière, d'un regard fragmenté qui n'a aucune possibilité de totaliser l'ensemble des regards possibles qui serait le point de vue de Dieu.

Partis à la recherche de la description ethnographique la plus rigoureuse possible, nous ne saurions cantonner la photographie au statut d'outil. Parce qu'elle est beaucoup plus que cela. Elle n'est pas seulement instrumentale, mais opératoire, pour reprendre deux des principaux concepts de Georges Devereux. La photographie nous apprend que l'on peut faire varier la profondeur du champ visuel entre le gros plan et l'infini, que la luminosité elle-même est l'objet d'une accommodation, qu'il n'existe jamais une seule vision possible, mais une vision distincte et une vision trouble, une vision nette et

1. La bourgeoisie française photographiée par Nadar, l'Allemagne nazie par Sander, la haute société new-yorkaise par Avedon, le Mexique par Edward Weston ou Henri Cartier-Bresson ne sont pas seulement des contributions inestimables à la photographie artistique, mais aussi à l'ethnographie.

une vision floue, une vision directe et une vision oblique… Décrire, c'est toujours décrire à partir d'une perspective : de près, de loin, de face, de biais, de côté… Bref, la photographie permet à l'écriture ethnographique d'éviter les pièges et les illusions de la pensée dogmatique, dont le propre est d'être affirmative, univoque et en quelque sorte monofocalisante.

6

DESCRIPTION ETHNOGRAPHIQUE ET ESPACE

Ainsi que l'écrit Pierre Francastel, « le domaine du visuel constitue un des grands domaines de l'activité de l'esprit humain ». Les quatre exemples que nous venons d'étudier (1° formes différenciées des espèces naturelles réparties dans l'espace et appréhendées à partir de leur surface, 2° espace social du roman naturaliste, 3° espace plastique du tableau, 4° objet, paysage, être humain devenu image et dont l'une des caractéristiques est que, contrairement au cinéma, il ne sort pas de son cadre) constituent quatre modèles d'une connaissance optique du réel[1].

1. L'innocence de la connaissance visuelle de l'espace et la suspicion du savoir auditif

« C'est l'œil qui déclenche le vrai questionnement, l'interrogation des mille interrogations qui sommeillent dans la lettre et non pas l'ouïe. »
Edmond JABÈS, *Le Livre des marges*

La description ethnographique, à l'instar de ces quatre formes de description, consiste dans l'acceptation inconditionnée de la réalité telle qu'elle apparaît. Elle procède d'une attitude que j'appellerais volontiers **la naïveté**, la suspension du savoir et du jugement qui est l'attitude initiale de la philosophie de Socrate à Husserl : faisons comme si nous ne savions rien. Ce qu'il y a de plus opposé à cette attitude, c'est la volonté de démasquer les intérêts « cachés », les stratégies « souterraines » camouflées « derrière » les apparences : l'exploration du monde intérieur, des arrière-mondes et des arrière-pensées.

1. À cette *pensée des yeux*, qui est simultanément *pensée de l'espace*, il conviendrait d'ajouter la géométrie, la géographie, la cartographie et l'architecture.

6 Description ethnographique et espace

L'ethnographie est le contraire même d'une connaissance de l'invisible au sens chrétien ou platonicien. Elle est description du visible, des surfaces, des images telles qu'elles apparaissent. Elle est une iconologie, selon le terme de Panovsky, et d'abord une iconographie.

Il existe deux formes de pensée, qui traversent notamment le champ des sciences humaines. L'une est faite d'innocence, de confiance[1] et avant tout de respect de ce que l'on voit. L'autre, qui se situe davantage du côté du temps que de l'espace, de l'écoute que du regard (comme c'est le cas de l'histoire, de la sociologie et plus encore de la psychanalyse), peut être caractérisée par le soupçon. L'itinéraire de Freud me semble particulièrement révélateur à cet égard. Celui qui va devenir le fondateur de la psychanalyse est à l'origine un homme du regard, de la vision, de l'œil formé au contact du savoir de la description anatomique. Lorsqu'il commence son exploration de l'inconscient, c'est au contact des images du rêve et des associations de contiguïté métaphorique. Mais plus il avance, à travers l'écoute de ses patients, plus il chemine dans l'exploration du temps. Le passage de la psychiatrie classique (Charcot) à la psychanalyse (Freud) est celui d'un mouvement qui va de l'œil à l'oreille, de la vue à l'écoute, au cours duquel s'effectue un déplacement radical du visible à l'invisible et de l'espace au temps. Ce qui devient alors constitutif de la démarche freudienne, c'est le sujet qui raconte son histoire, un sujet qu'il convient de ne pas croire sur parole.

À l'inverse de la psychanalyse qui, du moins dans sa phase de constitution, ne prête vraiment aucun intérêt à ce qui est vu, mais est tout entière fondée sur l'écoute du discours et la suspicion du langage, l'ethnologue et plus encore l'ethnographe est un historien au sens grec du terme : celui qui raconte ce qu'il a vu à partir de son propre regard. Se tenant en « état d'entière disponibilité visuelle », comme le dit Paul Klee de l'impressionnisme, il est d'abord l'homme de la vision en surface et non en profondeur. Aussi l'écriture ethnographique de la description, qui tente d'exprimer le réel dans la

1. « Un précepte de l'anthropologie britannique — le seul peut-être au nom de quoi je puisse me dire ethnographe », écrit Jeanne Favret-Saada (1994, p. 30), « veut que l'indigène ait toujours raison. »

totalité de ses apparences ou plutôt dans ses diverses modalité d'apparition ou de présentation (plus que de la représentation) est-elle une écriture figurale[1].

2. Contiguïté spatiale et continuité temporelle

Présent sur le terrain, l'ethnographe cherche à rendre compte de la présence de ce qu'il observe. Il est beaucoup plus préoccupé par la vie sociale au moment de l'observation que de la reconstitution historique qui l'a conduite à devenir ce qu'elle est. Dans ces conditions, la description ethnographique rencontre les problèmes posés par l'unité de la composition textuelle de tout discours descriptif, qui est nécessairement description de l'espace.

L'écriture descriptive s'efforce de montrer la solidarité spatiale des éléments perçus. Elle organise spatialement et linguistiquement ce qu'elle observe : « en bas/en haut, à gauche/à droite, sur le côté/en face, au nord/au sud, à l'est/à l'ouest, devant/derrière » et non pas « avant/après, pendant que, alors que, autrefois ». Décrire, c'est instaurer des relations qui ne sont pas de continuité ou de rupture temporelle, mais de contiguïté spatiale[2].

Cette pensée anthropologique de l'espace a notamment contribué à ouvrir tout un « champ » — la métaphore mérite d'être soulignée —, c'est-à-dire tout un espace de la pensée anthropologique : celui que l'on appelle la proxémie, particulièrement développé aux États-Unis — cf. en particulier les recherches de E.T. Hall —, et qui consiste à s'interroger sur la construction

1. Si, comme l'écrit Roland Barthes, « le regard est toujours naturellement fou » (1980, p. 175), le regard ethnographique toutefois ne va jamais jusqu'à ce que Christine Buci-Glucksmann a appelé *La Folie du voir* pour désigner le regard baroque, regard pluriel fasciné par la multitude infinie des apparences et des surfaces.
2. Wittgenstein utilise le concept de « présentation synoptique » pour qualifier — mieux pour décrire — la description. La « présentation synoptique » qui « désigne notre mode de présentation, la manière dont nous voyons les choses » (1982, p. 21), c'est « la saisie par notre regard d'une corrélation formelle » (p. 22), qui « nous permet de comprendre, c'est-à-dire précisément de « voir les corrélations », de « considérer les données dans leurs relations mutuelles » (p. 21).

sociale et culturelle de l'espace, la distance et la proximité corporelle entre les individus qui se parlent (pouvant varier de quelques centimètres à un mètre trente selon les cultures), le rapport de l'homme à l'habitat, l'espace public et l'espace privé.

Ce qu'il nous semble intéressant de faire remarquer à cette étape de notre parcours est que ce n'est pas seulement la description ethnographique qui entraîne ou suppose un rapport privilégié à la notion d'espace, mais l'anthropologie elle-même, tant dans le versant anglo-saxon (qualifié d'empirique) que dans le versant « continental » (intellectualiste et rationaliste) de notre discipline.

Si l'histoire est exclue de l'horizon de l'anthropologie dans la période de sa constitution au profit de l'espace, c'est que l'histoire apparaît comme le domaine du désordre, la menace par excellence pour la fondation d'une connaissance objective conçue comme « science naturelle de la société » (Radcliffe-Brown) qui a en revanche tout à gagner à étudier les relations que l'homme entretient avec son environnement. C'est ainsi que Boas, cherchant à affranchir l'anthropologie du moule historiciste qui est celui de toute la pensée du XIXe siècle, affirmant son refus d'une histoire conjecturale et plus encore d'une philosophie de l'histoire, estime qu'il convient d'enraciner le regard de l'anthropologue — regard de naturaliste — dans l'espace et plus précisément dans la géographie. Toute l'entreprise de Lévi-Strauss procède d'une même exigence de scientificité. Pour arriver à l'objectivité, il convient de neutraliser l'historicité. La conception ou plus exactement la construction de la structure comme invariant a alors pour effet de spatialiser et même, pourrait-on dire, de géométriser le discours de l'anthropologie structurale.

3. Espace, temps et histoire

La priorité accordée au point de vue synchronique n'est absolument pas exclusive, puisque ce qui a permis d'y accéder, c'est à la fois 1° le regard, qui est éminemment mobile, et 2° le langage qui est le flux même de la temporalité.

1. Il convient de revenir d'abord sur l'activité de l'observation. C'est une pensée en acte, prise, comme l'a montré Bergson dans *Matière et Mémoire*, dans le mouvement de la vie. L'être humain ne cesse de se déplacer. Ses yeux mêmes, qui ne sont pas latéraux comme ceux des caméléons, ne cessent de s'ouvrir et de se fermer. « On ne voit que ce qu'on regarde. Que serait la vision sans aucun mouvement des yeux », écrit Merleau-Ponty qui parle également du corps « visible et mobile ». Ainsi la description, qui concerne bien la présence de ce qui est, renvoie-t-elle au caractère cinétique, mais plus encore historique tant de celui qui décrit que ce qui est décrit. La description comme description du présent paraît opposer la fixité au mouvement et privilégier l'espace au détriment du temps, lequel n'est pas un horizon anthropologique parmi tant d'autres, mais ce qui seul peut donner accès à la compréhension de l'humain.

De plus, ce que cherche à saisir la description proprement ethnographique — les phénomènes sociaux en tant qu'ils forment une totalité non seulement localisée mais datée et participant d'une histoire, ainsi que nous l'a appris Marcel Mauss —, c'est peut être moins la présence à proprement parler que la quotidienneté qui est un mode particulier de temporalité fait de répétition et d'événements.0

2. Enfin si la description n'est pas moins temporelle que spatiale, c'est parce que l'activité même qui consiste à rendre visible suppose la médiation du langage, lequel ne tient pas en place et a un caractère éminemment rythmique. On ne saurait donc opposer, comme le fait par exemple Lessing[1] le récit qui serait successivité à la description qui serait pure simultanéité. Le texte descriptif est lui-même régi par un principe de succession, supposant seulement une temporalité peut-être plus continue que celle du récit qui, lui, raconte la transformation, le changement et implique ce que Paul Ricœur a appelé une « mise en intrigue ». Mais on peut aussi bien parler d'espace narratif que de temporalité descriptive. Ainsi que l'écrit Gérard Genette, « la description doit moduler dans le successif la représentation d'objets simultanés et juxtaposés dans l'espace ». Ce qui suppose bien une certaine forme de

1. G.E. Lessing, *Laocoon*, Paris, Hermann, 1990.

récit. La description ethnographique est description d'un processus plus que d'un état. Dans l'étude des objets notamment (ainsi que des techniques et des modes de production[1]), elle ne consiste pas dans l'énumération de leurs attributs, mais dans le récit de leur processus de fabrication et de leur utilisation. Bref, on ne voit pas comment la description pourrait échapper au temps. Ayant un caractère authentiquement syntaxique, et non seulement lexicographique, elle se construit à travers un « jeu rythmique de la surface et du fond, du flux et du reflux, du trait et du retrait, de l'apparition et de la disparition[2] ».

4. Entre sons et images : le cinéma

Ce dernier point nous conduit à examiner la relation étroite entre l'ethnographie et le cinéma et plus précisément entre le temps du *tournage* et celui du *terrain* (qui consiste à apprendre) ainsi qu'entre le temps du *montage* et celui de la *construction anthropologique* (qui consiste à comprendre). Dans l'expérience du terrain, qui est une expérience du partage du sensible, nous effectuons des observations et nous menons des entretiens. Or l'un des intérêts du cinéma est de poser d'emblée la question de la double relation à l'espace et au temps. À l'espace c'est-à-dire aux images. Et au temps c'est-à-dire aux trois familles de sons (voix, bruits, musique) sans oublier que l'image elle aussi a une histoire.

Le cinéma, comme l'ethnographie, sont pour ainsi dire condamnés à la singularité concrète (cf. F. Laplantine, 2003). Ils ne sont jamais confrontés à l'homme ou à la femme en général, mais à tel homme ou à telle femme en particulier caractérisé par un visage. Filmer, c'est filmer le corps. Filmer, c'est filmer le corps en mouvement. Filmer, c'est filmer le corps pris dans de minuscules interactions sociales comme dans *Coffee and cigarettes* (2003) de Jim Jarmusch.

1. Cf. notamment A. Leroi-Gourhan (1971, 1973).
2. G. Didi-Huberman, *Ce que nous voyons, ce qui nous regarde*, Paris, Éd. de Minuit, 1992. p. 13.

Le cinéma qui n'est fait que de l'organisation de bribes d'images et de fragments de sons permet de réintroduire de la durée dans une discipline (l'anthropologie) qui a eu tendance à spatialiser et à stabiliser la connaissance. Certains cinéastes (comme Pierre Perrault ou Frédéric Wiseman) sont plus attentifs à l'écoute, à l'instar de certains anthropologues (G. Devereux, J. Favret-Saada). D'autres cinéastes (comme Michel Brault) travaillent davantage à partir de la dimension visuelle de l'expérience à l'instar de certains anthropologues (Malinowski ou Lévi-Strauss qui, comme Antonioni ou Hitchcock, sont avant tout des plasticiens). Mais c'est dans tous les cas le modèle de la séquence c'est-à-dire de la *successivité* et non plus de la *simultanéité*, comme dans la peinture et la photographie, qui est caractéristique de la pensée cinématographique. Or, la successivité n'est nullement l'ennemi de la description[1] mais la nécessité crée par la tension du hors champ à penser les phénomènes sociaux dans leurs transformations. Dans le cinéma tout ne peut être montré à la fois mais « petit à petit » (titre d'un film de Jean Rouch) dans une oscillation entre ce qui apparaît et disparaît.

1. Une grande partie du cinéma contemporain (par exemple les films d'Agnès Varda, de Bruno Dumont, de Hong Sang-Soo ou encore *À l'ouest des rails* (2004) de Wang Bing) est caractérisée par une raréfaction narrative et peut être qualifié de descriptive.

7

THÉORIE DE LA DESCRIPTION ETHNOGRAPHIQUE

La description n'est jamais neutre. D'un même paysage, d'une même scène de la vie quotidienne, il existe des milliers de manières de rendre compte. Nous ne jugeons pas tous également significatifs les faits que nous observons et surtout nous n'attribuons pas les mêmes significations aux faits retenus. S'il existe une autonomie du « décrit », du « référent », du « signifié », du social, c'est, comme nous avons commencé à le voir, une autonomie relative. Nous n'avons en effet aucune possibilité de voir le monde en dehors du regard, de dire le monde en dehors du langage. Tout regard est déjà en puissance une mise en forme. La description est description de celui qui décrit et qui progressivement va construire un objet. La signification n'est pas immanente, donnée, déjà là, antérieure et extérieure à la question de sa recherche. Elle est dans l'acte de celui qui pose la question du sens de ce que l'on observe. La description suppose donc une théorie — explicite, mais le plus souvent implicite — de la connaissance et du langage. Mais avant d'aborder cette théorie — qui est susceptible d'organiser le regard et l'écriture ethnographique, nous allons le voir, autour de cinq pôles —, il convient de rappeler la distinction proposée par Dilthey entre une **rationalité explicative** (« *erklären* » = expliquer) et une **rationalité interprétative** (« *verstehen* » = comprendre).

L'explication est à la fois le modèle épistémologique des sciences naturelles et l'idéal des sciences sociales fondées sur ce modèle. Expliquer consiste à observer et à décrire un certain nombre de phénomènes, puis, à partir d'une logique inductive fondée sur l'expérimentation et la vérification, à dégager les lois qui les régissent. C'est le modèle classique de la rationalité scientifique : la description des phénomènes trouve sa légitimité quand la majeure partie voire la totalité des faits est expliquée. L'un des critères de la « scientificité » ici retenu est celui de la régularité. « L'observation est du règne des plusieurs fois », écrit Gaston Bachelard.

Dilthey, dont la pensée se forme dans le creuset du romantisme allemand, est l'un des tous premiers qui ait posé la question du statut des sciences sociales. Il estime que le modèle emprunté aux sciences naturelles n'est pas le mode de connaissance spécifique de nos disciplines, lesquelles ne sont pas des sciences de la nature, mais des « sciences de l'esprit » visant davantage à comprendre qu'à expliquer. Contrairement à la rationalité explicative qui a pour but de décrire et d'analyser des faits, la rationalité compréhensive ou herméneutique montre que le rapport au réel est aussi, est surtout un rapport de signification et d'interprétation. Dilthey ajoute que l'on ne peut comprendre ce que l'on décrit que dans un processus de ré-historicisation. Ainsi l'herméneutique naissante procède-t-elle à la réinscription des sciences de l'homme dans un horizon épistémologique qui n'est plus celui des sciences de la nature : l'horizon historique. Elle estime qu'il est impossible d'aborder ces objets bien particulier que sont la société et la culture sans poser la triple question de l'histoire, du sens et du langage (lequel est intégralement et non partiellement interprétation du sens), qu'autrement dit, les sciences de la société et de la culture ont un caractère irréductiblement historique (c'est-à-dire situé), linguistique et interprétatif.

Alors qu'expliquer, c'est surtout expliquer l'objet appréhendé dans son autonomie par rapport au chercheur, comprendre, c'est notamment comprendre le sujet qui explique l'objet ou plus précisément la totalité du sujet et de l'objet ouverte à plusieurs lectures possibles. Comprendre enfin, ce n'est pas tant expliquer ce que l'on voit, mais saisir les processus à l'œuvre dans la vision et l'énonciation.

1. Les présupposés du positivisme : l'explication descriptive comme « explication par les causes » (Wittgenstein)

L'explication causale a été la première et certainement la plus empruntée de la rationalité classique occidentale. Décrire, c'est recueillir des faits objectifs qui permettent d'expliquer le présent par le passé. La connaissance scientifique est connaissance de ce qui précède. Elle consiste à déterminer une cause nécessairement en amont du phénomène devenu ainsi expliqué. Édifié sur les trois principes de la logique aristotélicienne — identité ($A = A$), non-contradiction ($A \neq B$), tiers exclu — le principe de causalité ($A \rightarrow B$) forgé par le rationalisme grec va constituer le paradigme majeur de la pensée physique — mais aussi métaphysique — qui sera transporté plus tardivement dans le champ des sciences sociales conçues originellement comme « physique sociale ». Les phénomènes sociaux sont expliqués par des rapports de détermination, l'indéterminisme étant ce qu'il y a de plus étranger à la rationalité classique.

L'ouvrage d'Euclides Da Cunha, *Os sertões*, publié en 1902[1] et qui est l'un des textes précurseurs de la sociologie brésilienne, est particulièrement révélateur de cette conception profondément positiviste de l'homme et du social. Il se divise en trois parties : la terre, l'homme, la lutte.

1. En disciple de Taine, Da Cunha part de ce qu'il y a de plus fixe et de plus stable (la terre) et nous propose une description géographique et même géologique, puis climatique du Sertão, qui est la région aride de l'intérieur du Nordeste du Brésil.

2. La terre du Sertão explique l'homme *sertanejo* qui ne fait qu'un avec le Sertão, le paysage se confondant avec le paysan, mieux le sécrétant, le milieu naturel donnant son empreinte aux hommes. La terre et le climat aride de cette région déterminent l'aridité sociale et psychologique de ceux qui y sont nés (les Amérindiens), de ceux qui s'y sont adaptés (les Portugais) ainsi que de la « sous-race » formée de leur mélange : les *caboclos*. Ce qui est pétrifié (le sol) a un effet pétrifiant et la sécheresse du climat provoque l'engourdissement, la paralysie et l'arriération des villages du Sertão.

Euclides Da Cunha, qui a une formation naturaliste, élabore une sociologie descriptive fondée sur la géologie et les contrastes climatiques. Le *vaqueiro*, qui est le « cow-boy » du Nordeste, est résolument attaché au sol. Il est instable, indolent, impulsif et inconstant, comme la nature. À l'inverse, le climat du littoral et surtout du sud du pays, formé socialement à partir des immigrations européennes, stimule, vivifie, vitalise, energétise, donne force et courage et conduit l'homme moderne vers les aventures de la liberté.

1. Traduction française, *Hautes Terres*, Paris, A.-M. Métailié, 1993.

3. Le cadre étant posé, survient alors l'insurrection du village de Canudos (1896-1897) dont Euclides Da Cunha, en tant que correspondant du journal *O Estado de São Paulo*, est l'observateur scrupuleux[1].

Le conflit qui éclate, et qui va se solder par des milliers de morts et de blessés, voit l'affrontement entre l'armée républicaine qui avance sous la bannière positiviste d'Auguste Comte[2] et une masse de paysans analphabètes en état d'« anachronisme ethnique », en marge depuis trois siècles de l'Histoire, de l'Ordre et du Progrès.

L'intérêt du livre vient du fait qu'à mesure que nous avançons dans sa lecture, les catégories sur lesquelles s'appuie Da Cunha commencent à se brouiller. Lorsque la révolte est matée dans le sang par l'armée citadine de la Raison et de la République à laquelle résiste vaillamment une masse de paysans réactionnaires et superstitieux, l'auteur se met à douter que le délire, le dérèglement et la déraison se situent d'un seul côté. Les rapports entre la Civilisation (urbaine, sudiste et éclairée par les idées européanisantes des Lumières) et la Barbarie (rurale et nordestine) se mettent alors à chavirer, au point que « les deux races » se trouvent progressivement renvoyées dos à dos dans le paysage uniformisant de ce Sertão obscurantiste. Ce qu'il nous semble important de souligner ici, c'est que ce sont les descriptions, réellement ethnographiques[3], les fresques et les tableaux tracés par Da Cunha — qui ne sont pas sans évoquer à la fois un certain nombre de portraits de Goya et un

1. Cette révolte est surtout connue en France à travers la traduction de la version romancée que Mario Vargas Llosa a élaborée notamment à partir du texte d'Euclides Da Cunha. Cf. Marios Vargas Llosa, *La Guerre de la fin du monde*, Paris, Gallimard, 1983.
2. La République a été proclamée en 1891 et la devise du Brésil inscrite sur le drapeau national est la devise comtienne « Ordre et Progrès ».
3. On pourra consulter en particulier : 1° la description méticuleuse du groupe des hommes et du groupe des femmes de Canudos à la tombée de la nuit lorsque la cloche appelle les fidèles à la prière (pp. 162 et *sq.*), 2° l'arrivée des troupes de l'ensemble des États du Brésil, qui convergent par milliers vers Salvador de Bahia, l'ancienne capitale du pays (pp. 401 et *sq.*), 3° le reflux des victimes qui succède au flux des combattants (pp. 389 et *sq.*), 4° la description de la grande salle de l'hôpital de Salvador où sont soignés quatre cents blessés, 5° le spectacle de l'arrivée tant attendue des prisonniers à Salvador (pp. 419 et *sq.*, pp. 485 à 487) que l'on pourra comparer au défilé des grévistes de *Germinal*.

certain nombre de pages de Zola — qui contribuent à remettre en question les propres présupposés théoriques — naturalistes et déterministes — de l'auteur.

Si l'explication causale unilinéaire tend à être beaucoup moins prégnante à mesure que l'on entre, que l'on pénètre et surtout que l'on sort du XXe siècle, une bonne partie de notre conception du social demeure encore aujourd'hui balzacienne et durkheimienne. Nous voulons dire que nous n'avons pas tout à fait renoncé à l'idée de la positivité de la vie sociale et notamment à la notion de société en soi comme totalité intégrée, alors que tout nous indique cependant que, dans ce que l'on appelle la « modernité », l'individu et le social se combattent et les relations entre le sujet et le monde se distendent. Et puis surtout, il existe différentes formes d'explication causale : celle qui consiste à isoler une série de « facteurs », à déterminer l'« effet » d'un certain nombre de « variables ». Celle qui, renonçant au déterminisme exclusif et réfutant la causalité génétique — toujours présente notons-le dans une approche comme la psychanalyse — a recours néanmoins à ce que l'on appelle depuis Aristote la « cause finale » : les comportements, les rites, les institutions peuvent être expliqués par leurs fonctions.

2. L'ANALYSE STRUCTURALE : L'EXPLICATION DESCRIPTIVE COMME « EXPLICATION PAR LES RAISONS » (WITTGENSTEIN)

L'analyse structurale se situe délibérément du côté du pôle « *erklären* » (expliquer) de la connaissance. C'est la seconde grande modalité de l'explication et non de la compréhension, qui procède à la décomposition analytique du texte (descriptif ou narratif) non plus dans le temps mais dans l'espace en parties constitutives, puis à sa recomposition dans les termes d'un système ou d'une structure. La signification de ce que l'on voit, de ce que l'on écoute, c'est-à-dire de ce que vise à exprimer la description ethnographique la plus méticuleuse, doit être recherchée dans les propriétés formelles qui se dégagent de tous les récits (Propp dégage trente et une fonctions invariantes communes à tous les contes[1]) ou encore dans les formes élémentaires qui déterminent les lois de l'alliance matrimoniale dans toutes les sociétés[2].

2.1 Découper, décomposer, analyser, classer

Le structuralisme emprunte son modèle à la linguistique ou, plus précisément, à cette partie de la linguistique qui s'appelle la phonologie[3], laquelle étudie les rapports respectifs entre les traits distinctifs de la langue : les phonèmes. C'est la raison pour laquelle l'anthropologie structurale consiste à fixer le sens en des termes analysables, à le décomposer, à l'instar de la phonologie, en unités distinctives qui sont moins des unités de signification que de signalisation, à découper, à classer, à mettre en ordre, par exemple, les objets d'un même groupe à l'intérieur d'une pièce, les pièces d'un appartement les unes par rapport aux autres ou encore les immeubles à l'intérieur d'un quartier. Les rapports établis entre des systèmes de signes (Lévi-Strauss étudie l'échange des femmes dans les relations de la parenté, qu'il compare à l'échange des biens économiques dans la société et à l'échange des mots dans la langue) analytiquement décomposés et qui constituent le caractère invariant d'une structure donnée présupposent la stabilisation ainsi que l'univocité du sens. Ce dernier ne peut être recherché que dans la propre cohérence interne d'un texte. Aux impressions de surface de l'observateur, du narrateur ou encore du lecteur, se substituent alors progressivement des structures profondes — en nombre limité — formées à partir de rapports combinatoires de disjonction ou de conjonction[4]. Un ordre nouveau devient alors véritablement explicatif de ce que l'on voyait, écoutait, notait, croyait (les apparences de la réalité, les illusions du temps et de l'histoire).

1. V. Propp, *Morphologie du conte*, Paris, Point/Seuil, 1970.
2. Cl. Lévi-Strauss, *Les Structures élémentaires de la parenté*, Paris, Mouton, 1947.
3. R. Jakobson, *Essais de linguistique générale*, Paris, Éd. de Minuit, 1963.
4. L'une des meilleures introduction à la pensée structurale est certainement le double film d'Alain Resnais, *Smoking/No Smoking* qui est l'étude de variations successives autour d'un thème unique mettant en scène les mêmes personnages.

L'analyse structurale, que l'on peut aussi qualifier de sémiologique, consiste, comme le dit Roland Barthes, en une « véritable fabrication d'un monde qui ressemble au premier non pour le copier, mais pour le rendre intelligible ». Et Lévi-Strauss écrit quant à lui qu'étudiant les « rapports entre le sensible et l'intelligible », il s'agit de « ramener un type de réalité à un autre ». Ce qui est recherché, c'est « une sorte de super-rationalisme ». Un phénomène social est finalement expliqué alors que tel qu'il se présentait à l'observateur, il était résolument inintelligible.

2.2 La désingularisation explicative

On comprend ce qui sépare ce que Wittgenstein (1992, pp. 79-96) a appelé l'« explication par les causes » et l'« explication par les raisons ». Dans ce dernier cas, nous ne sommes plus en présence d'une explication déterministe de type positiviste, car le modèle a un caractère opératoire. Il ne vise plus à se substituer à ce que l'on voit, à dire la réalité telle qu'elle est (= positivisme), mais à en proposer une construction. Il n'empêche que la rationalité structurale procède, comme la rationalité causale, à la dissolution de la spécificité de ce que nous percevons, sentons, entendons. Ce qui se présentait comme singulier (un paysage, un quartier, une partie de cartes, un match de football) donnait l'illusion de la singularité, paraissait, mais n'était pas singulier. La rationalité explicative dans les deux modalités que nous venons d'examiner désingularise en inscrivant ce que l'observateur percevait comme singulier dans des lois générales.

Dans les deux cas enfin, la description ethnographique peut être considérée comme le tout premier degré du savoir, totalement insuffisante, mais néanmoins absolument nécessaire. Le chercheur se doit, dans un premier temps, de prendre appui sur ce qu'il observe et commence à l'organiser dans un savoir visuel (c'est la condition de la connaissance du monde extérieur), mais il lui faut dépasser cette dernière expérience, voire la mettre en question, c'est-à-dire se donner les moyens de la réfuter (c'est la condition cette fois de la connaissance scientifique). La description, dans cette perspective, serait un moment permettant de recueillir des faits qui seront ensuite soumis à l'expérimentation, ce qu'indique clairement

Lévi-Strauss lorsqu'il distingue les trois temporalités successives, mais aussi les trois types d'activités constitutives de notre discipline : l'ethnographie (qui est l'écriture descriptive d'une culture donnée), l'ethnologie (qui consiste à dégager les logiques de cette culture), l'anthropologie enfin (qui, se situant à un plus haut niveau d'abstraction, est l'étude comparée des sociétés humaines).

Cette hiérarchisation de la perception et de la conception pose la question du statut scientifique : 1° du texte ethnographique par rapport au texte ethnologique et *a fortiori* anthropologique, 2° de la sensibilité, de la sensualité, du corps et des images par rapport à l'intelligibilité conceptuelle qui est seule véritablement explicative, 3° du singulier, du local, du minuscule, du microscopique, de l'événement enfin par rapport au général. La description ethnographique et, avec elle l'univers du sensible et du visible, serait seulement une étape permettant de nous acheminer vers un métalangage : celui du concept, qui, lui, ne se voit pas, de la structure, de l'essence, bref de formes qui n'existent pas dans la réalité empirique.

3. De la *Gestalttheorie* à l'anthropologie culturelle : décrire, c'est saisir une configuration globale

À une démarche analytique fondée sur un processus de décomposition d'un ensemble, la *Gestalttheorie* et les modèles qui lui sont apparentés opposent la perception comme saisie immédiate d'une configuration globale et comme apparition subite d'une « forme » ou d'une organisation dans une totalité qui ne se laisse pas découper en unités séparées.

La *Gestalttheorie* ou psychologie de la forme

Elle s'est formée à partir de l'étude descriptive de la perception visuelle et notamment des questions posées par les illusions optico-géométriques. Dans les années 1910-1920, un groupe de psychologues fonde, à Berlin, une école qui considère les phénomènes perceptifs comme des unités organisées, des « *Gestalten* », c'est-à-dire des « formes ». Ses principaux représentants sont M. Wertheimer (*Étude expérimentale sur la perception du mouvement*, 1912), K. Goldstein (*Les Structures de l'organisme*, 1934), K. Koffka (*Principes de la psychologie gestaltiste*, 1935), P. Guillaume (*La Psychologie de la forme*, 1937). La *Gestalttheorie* a trouvé l'une de ses principales applications dans la « méthode globale » de lecture. Dans le domaine des sciences sociales, c'est à Georg Simmel que nous devons l'élaboration du concept de « forme », qui trouve l'un de ses prolongements dans ce que Norbert Élias appelle une « configuration ».

Cette attitude, plus « compréhensive » qu'« explicative » pour reprendre la distinction de Dilthey, nous semble également caractéristique de la démarche de l'anthropologie culturelle qui relève elle-même d'une théorie de la connaissance élaborée à partir du regard et plus précisément du regard des conduites individuelles en tant qu'elles sont révélatrices de la spécificité d'une culture donnée. Comment, se demande-t-on, par rapport à une situation donnée, ont tendance à se comporter les Arapesh, les Mundugumor, les Chambuli (Margaret Mead), les Japonais, les Indiens Pueblo du Nouveau-Mexique (Ruth Benedict), les hommes et les femmes de Bali (Gregory Bateson et Margaret Mead) ?

Confrontée à la question de la différence, l'anthropologie ne cesse d'osciller, depuis qu'elle existe, entre une position universalisante (le structuralisme naît en France, c'est-à-dire dans la société qui a forgé le concept d'« homme universel ») et une position particularisante (le culturalisme se développe principalement aux États-Unis à partir notamment d'idées venues d'une des sociétés les plus différentialistes de toutes en Occident : la société allemande).

L'une des tendances majeures de cette dernière forme d'anthropologie[1] peut être qualifiée d'empirique. Privilégiant l'observation directe sur le terrain des

1. Sur l'anthropologie culturelle, on consultera principalement les travaux des chercheurs nord-américains : R. Benedict, *Échantillons de civilisations*, Paris, Gallimard, 1950 ; M. Herskovitz, *Les Bases de l'anthropologie culturelle*, Paris, Payot, 1967 ; A. Kardiner, *L'Individu dans sa société*, Paris, Gallimard, 1970 ; R. Linton, *Les Fondements culturels de la personnalité*, Paris, Dunod, 1968 ; M. Mead, *Mœurs et sexualité en Océanie*, Paris, Plon, 1969.

comportements, des rites de rencontre et d'interaction (Boas, dont toute l'anthropologie culturelle se revendique, est l'un des tout premiers ethnographes au sens scientifique du terme). Travaillant souvent en lien étroit avec la psychologie, elle cherche à mettre en évidence la spécificité des « personnalités culturelles » existant dans le monde ainsi que des productions culturelles caractéristiques d'une ethnie ou d'une nation. C'est le concept de culture ou plus exactement de pluralité des cultures qui est au centre de ses préoccupations, ce qui s'oppose pour ainsi dire frontalement à ce que Georges Devereux, issu de la tradition rationaliste française de Marcel Mauss, nomme l'« universalité de la culture » et à la pensée de la structure. Ce qui est ici mis en évidence, avec un souci de la description la plus exhaustive possible, qui culmine dans ce que l'on a appelé la monographie, c'est la discontinuité d'une culture à une autre, la cohérence et les différences irréductibles de chaque culture.

4. La description phénoménologique : décrire, c'est comprendre une totalité signifiante

« Il s'agit de décrire, et non d'expliquer ni d'analyser. » C'est la toute première tâche que Husserl assigne à la phénoménologie. Alors que la rationalité classique dans ses modalités causales et structurales engage la description du côté de l'explication (soit temporelle de ce que l'on constate par ce qui précède, soit spatiale par l'étude des signes analytiquement décomposés et recomposés dans le cadre tout aussi général d'une structure), on s'efforce moins cette fois de démontrer que de montrer, par ce que le fondateur de la phénoménologie appelle un « retour aux choses elles-mêmes ».

La phénoménologie

Ce concept, utilisé par Hegel dans son ouvrage la *Phénoménologie de l'Esprit*, fait son entrée dans la pensée contemporaine avec l'œuvre de Husserl (1859-1938), qui estime que l'activité de la perception et plus précisément du *voir* est l'instance ultime et décisive de toute connaissance. Cette dernière ne peut être appréhendée en séparant la conscience de l'objet,

car la conscience est toujours *visée* intentionnelle d'un objet alors que, réciproquement, l'objet se donne toujours tout entier dans une certaine manière d'apparaître ou d'« être au monde » pour une conscience. En France, les contributions les plus originales au développement de la phénoménologie se trouvent chez Jean-Paul Sartre et Maurice Merleau-Ponty. On consultera notamment J.-F. Lyotard, *La Phénoménologie*, Paris, PUF, coll. « Que sais-je ? », 1956 ; E. Husserl, *Idées directrices pour une phénoménologie*, Paris, Tel/Gallimard, 1993 ; et M. Merleau-Ponty, 1993. Enfin, c'est dans l'œuvre d'Alfred Schütz (cf. notamment *Le Chercheur et le Quotidien*, Paris, Méridiens Klincksieck, 1994, pp. 169-193) que l'on trouve pour la première fois l'application de la méthode phénoménologique à l'étude des phénomènes sociaux.
La phénoménologie n'est pas la seule tendance contemporaine qui, insistant sur la totalité formée par le sujet et le monde en tant que co-émergeants, affirme la nécessité de sortir l'Occident d'un certain nombre de dichotomies en cascades : affectivité ou rationalité, concret ou abstrait, général ou particulier, perception ou conception, objectivité ou subjectivité, description ou argumentation… Des courants de pensée très divers tentent, depuis le début du siècle jusqu'à nos jours, d'en finir avec la pensée binaire et rejoignent ainsi bien des préoccupations de Husserl et de ses continuateurs. Citons l'entreprise titanesque menée par Wittgenstein sur le langage, les recherches de Bakhtine sur le caractère « polyphonique » du roman (qui ont déjà trouvé de nombreuses applications dans les sciences sociales), la méthode dialogique de Gadamer sur laquelle nous reviendrons plus loin, la démarche « déconstructiviste » issue des travaux de Jacques Derrida ou encore la « théorie de l'agir communicationnel » de Habermas.

À la description comme préparation à l'analyse d'unités distinctives appelant à être fixées dans des termes permettant de reconstituer une genèse (déterminisme causal) ou d'élaborer un système (déterminisme structural), la *Gestalttheorie* et à bien des égards avec elle l'anthropologie culturelle substituaient, nous venons de le voir, une attitude non plus « explicative », mais « compréhensive ». Le détail, la partie ou l'élément ne sont jamais l'objet d'une perception fragmentaire, mais d'une saisie globale : comprendre, c'est comprendre la totalité irréductible de ce que l'on voit et qui chaque fois est différent.

La démarche phénoménologique va nous permettre de faire un pas de plus. La compréhension est, certes, la compréhension d'une totalité, mais d'une totalité signifiante. Ce que nous percevons, ce n'est pas seulement des « objets » ou des « faits » (la cueillette du tilleul en juillet sur les hauteurs de Buis-les-Baronnies, la préparation minutieuse de la fiancée au mariage dans une maison de l'île de Djerba, la célébration d'un culte afro-américain dans un centre religieux d'une banlieue misérable de Port-au-Prince, des petites filles en uniforme bleu marine qui jouent à la corde à sauter dans la cour de récréation d'une école de Buenos-Aires...), ce n'est pas seulement une forme, c'est d'abord et toujours du sens.

La réflexion sur le voir devient donc ainsi solidaire d'une réflexion sur le sens. Il est possible, estime Husserl, de distinguer, mais certainement pas de dissocier la conscience de celui qui observe de ce qui est observé, c'est-à-dire l'interprétation de la description. Prolongeant la réflexion de Husserl, Merleau-Ponty se pose la question : « Qu'est-ce que voir ? ». Et il répond : « C'est voir le monde ». Et « qu'est-ce que le monde ? », se demande-t-il, « C'est ce que nous voyons ».

Nous sommes ici en présence de la démarche sur laquelle Husserl revient sans cesse et qu'il appelle la « réduction phénoménologique » : au terme d'un exercice de « suspension » de notre rapport au monde, nous nous apercevons que **la conscience ne fait qu'un avec le monde**, qu'il n'y a alors plus lieu de séparer, comme continue pourtant à le préconiser la pensée binaire si caractéristique de la métaphysique occidentale, le sujet et l'objet, l'âme et le corps, le moi et tout ce qui l'entoure. La description, en tant que description de l'« objet », apparaît alors comme n'étant qu'un aspect de la connaissance descriptive pour laquelle il n'y a pas de faits à l'état brut, mais d'emblée des faits auxquels nous attribuons des significations. La description est un acte qui n'est pas de l'ordre de la reprographie mais du sens, chaque fois nouveau, que nous élaborons en présence de ce que nous percevons. Autrement dit, s'il existe une rationalité descriptive, et non plus renvoyée à l'analyse qui seule lui conférerait sa légitimité scientifique, elle n'est pas davantage du « côté » du sujet ou de l'objet, mais dans la relation qui les unit.

Il convient de rappeler ici avec vigueur que l'ethnologue est lui-même l'observateur de la société qu'il étudie, de même que le traducteur est en prise directe avec le texte « étranger » auquel il est confronté. L'écriture d'une culture qui m'est « étrangère », ou de segments familiers mais néanmoins étranges de ma propre culture, n'est pas une activité subalterne, mais absolument constitutive de l'anthropologie. Les journaux d'ethnographie, les carnets d'observations sur lesquels nous esquissons nos premières descriptions ne sont pas une propédeutique marginale par rapport à l'œuvre scientifique (qui seule mériterait le nom d'anthropologie). Ils sont les seuls moyens d'y parvenir.

Le sens et le sensible

S'il n'existe pas à proprement parler un courant de l'anthropologie qui se revendique de la phénoménologie, cette dernière inspire un nombre croissant non seulement d'anthropologues, mais de chercheurs en sciences sociales. Notre époque est en train de réaliser qu'il n'existe pas des faits à l'état pur attendant des significations dont on pourrait les créditer, qu'aucun chercheur ne s'est jamais demandé a) quels sont les faits ?, b) où est le sens ? Par ailleurs, redécouvrant la pensée pionnière de Merleau-Ponty, nous nous apercevons que le sens n'est guère séparable du sensible[1]. Contrairement au concept qui tend à s'imposer dans sa robustesse, son caractère compact, sa pureté idéale et sa stabilité, ce qui vient des sens tend, dans sa fugitivité, son instabilité et sa multiplicité, à se disperser et à se dérober, notamment à l'analyse. Il convient alors d'affiner la méthode, et la description phénoménologique est sans doute à même, dans une époque de scepticisme croissant par rapport aux grandes explications classiques de l'objectivité par objectivation, de nous fournir un certain nombre d'instruments.

1. On consultera notamment Pierre Sansot, *Les Formes sensibles de la vie sociale* (Paris, P.U.F., 1986), ainsi que *Les Gens de peu* (Paris, P.U.F., 1994) dans lequel l'auteur, étudiant les bals du 14 juillet, le camping, les scènes de ménages, l'univers domestique, nous propose des descriptions du microscopique, du fragmentaire et de l'évanescent.

5. L'HERMÉNEUTIQUE : DÉCRIRE, C'EST INTERPRÉTER

La compréhension herméneutique s'inscrit dans le prolongement de la description phénoménologique. Voir, c'est saisir du sens, mais du sens permettant plusieurs écritures, et surtout plusieurs lectures possibles. La relation de l'ethnographe qui décrit un phénomène social et de ce phénomène est non seulement une relation signifiante, mais une relation qui mobilise une activité : l'interprétation du sens. La phénoménologie mettait l'accent sur la solidarité du regard et du sens. L'herméneutique insiste quant à elle sur la solidarité du regard et du langage. La démarche précédente était confrontée à ce qu'elle tenait pour la présence d'un objet, l'évidence d'une expérience immédiate, autrement dit l'évidente présence de ce que l'on voit (Merleau-Ponty parle de « foi perceptive »)[1]. Au terme de la « réduction phénoménologique », l'être était donné comme présence et la vérité atteinte comme évidence. Nous retrouvons là, estime l'herméneutique, les présupposés métaphysiques de la présence, de l'identité et de la stabilité du sens, c'est-à-dire la conception ontologique d'un être identique à lui-même et donné une fois pour toutes, appelant une écriture exclusivement expressive et référentielle. Husserl, Merleau-Ponty et les phénoménologues s'inscrivent encore dans la tradition rationaliste : celle de la garantie de la réalité, de la stabilité, de l'unité, de l'univocité et de l'extériorité d'un sens déjà là, et il n'y a pas, dans ces conditions, à se préoccuper du langage qui, dans son équivocité, est plutôt un obstacle à la connaissance.

1. L'étude des relations entre le *voir* et le *croire*, esquissée dans le premier chapitre, appellerait de plus amples développements. Dans l'Évangile de saint Jean, Simon-Pierre — qui sera suivi de l'évangéliste puis de Marie et de Marie-Madeleine — arrive devant le tombeau. Il *regarde* et constate que la pierre a été déplacée. Commentaire lapidaire, c'est le cas de le dire, de Jean : « Il vit et il crut. » Le croire est ici fondé sur le voir, qui est en l'occurrence une vision de l'absence, une disparition, mais à partir de laquelle est engagée une promesse : celle de la résurrection. Concernant un contexte radicalement différent, notre société de l'image et du spectacle, Georges Balandier écrit : « l'individu est de plus en plus lié à cette visibilité, ce qui entraîne un autre régime de la vérité et de la croyance : le croire se localise dans le voir ».

L'herméneutique

Elle est très ancienne. Elle naît avec : a) l'interprétation des textes sacrés — que l'on désigne sous le nom d'exégèse, b) l'interprétation des textes juridiques, c) la pratique de la traduction d'une langue dans une autre.

Elle trouve sa première formulation théorique à la fin du XVIIIe siècle avec Schleiermacher (pasteur protestant, exégète du Nouveau Testament et traducteur de Platon), puis avec Dilthey et Nietzsche, qu'Habermas qualifiera de « plaque tournante de la modernité ».

Mais l'herméneutique contemporaine ne commence vraiment qu'avec le tournant linguistique de la phénoménologie, c'est-à-dire avec le livre d'Heidegger, *L'Être et le Temps* (Paris, Gallimard, 1964) qui met en évidence le caractère temporel de l'expérience humaine. Aujourd'hui, ses deux principaux représentants sont H.G. Gadamer (*Vérité et méthode*, Paris, Le Seuil, 1976) qui a fondé une méthode qualifiée de « dialogique » et Paul Ricœur (*Temps et récits*, Paris, Points-Seuil, 1976) qui a notamment posé les bases des rapports de l'interprétation et du récit.

La démarche herméneutique, qui s'affirme aujourd'hui notamment en réaction au durcissement de certaines positions structuralistes, ne concerne pas seulement l'interprétation des textes au sens strict. Les questions herméneutiques sont actuellement posées dans tout le champ de la philosophie (cf. notamment Emmanuel Levinas ainsi que le courant de ce que l'on a appelé la « déconstruction » avec l'œuvre de Jacques Derrida (*L'Écriture et la différence*, Paris, Le Seuil, 1967) et de ses élèves nord-américains) et des sciences humaines, tant par la sémiologie (Umberto Eco, *L'Œuvre ouverte*, Paris, Le Seuil, 1965 ; *Les Limites de l'interprétation*, Paris, Grasset, 1992 ; Roland Barthes, *L'Obvie et l'obtus*, Paris, Le Seuil, 1982), la critique littéraire (H.R. Jauss, *Pour une herméneutique littéraire*, Paris, Gallimard, 1988), la psychanalyse (P. Ricœur, *Le Conflit des interprétations*, Paris, Le Seuil, 1969), l'anthropologie (C. Geertz, Dan Sperber, *Le Savoir des anthropologues*, Paris, Hermann, 1982) et la théorie de la traduction (G. Mounin, *Les Problèmes théoriques de la traduction*, Paris, Tel/Gallimard, 1990 ; J.-R. Ladmiral, *Traduire : théorème pour la traduction*, Paris, Tel/Gallimard, 1995 ; A. Berman, *L'Épreuve de l'étranger*, Paris, Tel/Gallimard, 1995) qui entretient des liens étroits avec l'anthropologie.

À cette conception de la plénitude ontologique qui tend à dissoudre la différence et ne permet pas de rendre compte de l'altérité s'oppose ce que Gadamer appelle une **confrontation dialogique**, c'est-à-dire une confrontation entre des points de vue différents. Si l'ethnologie est la compréhension (et non l'explication) des autres, alors la relation ethnologique et tout particulièrement ethnographique peut être qualifiée de relation herméneutique, c'est-à-dire provoquant une pluralité d'interprétations, une multitude de lectures possibles. La signification de ce que je m'efforce de décrire est dans sa différence et notamment, ainsi que nous l'avons vu, dans une écriture différée, la description ethnographique n'étant pas description « en direct » du présent, mais redescription, c'est-à-dire recomposition d'une présence devenue au moment où j'écris du passé[1]. C'est la raison pour laquelle l'idéalité phénoménologique de la présence (qui n'est peut-être pas sans lien avec l'expérience mystique) nous fait oublier l'absence de l'observé — ou si l'on préfère du signifié — lorsque, de retour du « terrain », assis à ma table de travail, je reconstruis ce que j'ai observé — ainsi que des signifiants qui ne sont jamais là, prêts, à portée de la main, mais construits dans l'acte même de l'écriture.

Lorsque Clifford Geertz, qui est généralement considéré comme le chercheur le plus représentatif de l'anthropologie interprétative aux États-Unis[2], nous propose la métaphore de « la culture comme texte », il ne veut pas dire que la culture posséderait une nature textuelle, mais qu'elle ne peut être anthropologiquement appréhendée, construite, interprétée que dans un texte, dans un texte qui renvoie à d'autres textes qui ont été écrits avant moi et surtout qui ont été écrits par d'autres que moi. Ainsi la description ethnographique en tant

1. On consultera notamment Philippe Descola, *Les Lances du crépuscule*, Paris, Plon, Collection « Terres Humaines », 1993.
2. Il existe aux États-Unis depuis le milieu des années 1970 tout un courant d'anthropologie interprétative (influencé notamment par les travaux herméneutiques de Ricœur et de Gadamer) qui met en doute la neutralité du chercheur et l'objectivité du savoir et s'interroge sur les conditions de production de l'anthropologie en tant que production textuelle. On consultera en particulier C. Geertz, 1986 ; J. Clifford, « De l'autorité en ethnographie », *L'Ethnographie*, 1983, 2, t. XXIX, pp. 86-118 ; P. Rabinow, *Un ethnologue au Maroc*, Paris, Hachette, 1988.

qu'écriture de la culture, loin de se résoudre nécessairement dans la structure, est une question que l'on peut aussi mettre en relation avec la lecture. Du même phénomène social, il n'y a pas une seule, mais une pluralité de descriptions possibles — l'ethnographie pouvant alors être qualifié de polygraphie —, et de la même description, il y a encore toute une série de lectures possibles. Jamais trois ethnologues confrontés au même « terrain » (par exemple Korn, Bateson et Geertz à Bali) ne donneront une description identique, et jamais les lecteurs potentiels de ces trois ethnologues ne feront tout à fait la même lecture.

La description en situation

Bernard Noël[1] nous propose ce qu'il appelle un athéisme du regard. Alors qu'une attitude religieuse institue, institutionnalise et célèbre une série de relations avec du déjà dit et du déjà vu, l'ethnographe se doit de défaire ce lien : celui du prêt à regarder, du prêt à dire, du déjà vu, tellement vu, tellement entendu que l'on répète, tant le regard a été arrêté et la parole stabilisée. L'ethnographie, c'est-à-dire la description méticuleuse de ce que nous voyons et entendons, prend nécessairement « le parti pris des choses » (Francis Ponge, qui ajoute immédiatement « parti pris des choses = tenir compte des mots »). Car il n'existe pour un objet aucune possibilité d'existence significative en lui-même indépendamment de l'observateur, du locuteur, du chercheur. Le moindre phénomène social, le comportement le plus infime et en apparence le plus anodin (les différentes manières qu'ont les individus dans des sociétés différentes de se rencontrer, de se dire bonjour, au revoir ou au contraire de s'éviter) se donne tout entier — et se dissimule simultanément — dans la relation qu'il entretient avec les mots, et toute recherche devient alors exploration méthodique des ressources de la langue, et ces ressources sont infinies pour dire la diversité elle aussi infinie de ce que l'on voit, sent, touche, écoute, bref de tout ce que l'on rencontre, chaque situation appelant, mieux provoquant, une forme linguistique singulière.

Cela signifie que pour l'ethnographie comme expérience simultanément perceptive et linguistique de la différence, à laquelle ne saurait se substituer

1. Bernard Noël, *Journal du regard*, Paris, P.O.L., 1988.

l'indifférenciation d'un métalangage, le neutre de la culture ou de la structure en tant que neutralisation de la spécificité de ce que l'on voit et de ce que l'on nomme et qui est à chaque fois inédit, **il ne saurait y avoir de description pure**. Toute description est description par (un auteur) et description pour (un lecteur). Toute description est située par rapport à une histoire, une mémoire et un patrimoine et est construite à travers un imaginaire. Bref, la description est une activité d'interprétation (ou si l'on préfère de traduction) de significations médiatisées par un chercheur (qu'il convient alors d'appeler un auteur) et destinées à un lecteur (qui n'est pas moins acteur ou du moins agent que ceux dont cherche à rendre compte le texte ethnographique). Elle est description menée d'un certain point de vue et adressée à un destinataire (le lecteur qui devient à son tour interprète du texte qu'il tient entre les mains).

8

DESCRIPTION ET EXPLICATION

« Je vois, je sens, donc je remarque, je regarde et je pense »
Roland BARTHES

1. TEXTE DESCRIPTIF, TEXTE NARRATIF, TEXTE ARGUMENTATIF

Le champ de l'anthropologie et tout particulièrement son champ textuel peut être caractérisé par une série de tensions majeures : le proche et le lointain, le dedans et le dehors, l'unité et la pluralité, l'universel et le particulier, le concret et l'abstrait, le sensible et l'intelligible, bref la description et l'explication.

Il importe de comprendre tout d'abord que ce n'est pas la théorie anthropologique en particulier, mais le mode de pensée qui est celui de la rationalité scientifique qui se constitue en rupture avec l'univers de la sensation et tout particulièrement avec la vision. De ce point du vue, mais de ce point de vue seulement, la photographie — qui est peut être le modèle de toutes les autres formes de description dont il a été question dans ce livre — est tenue pour une apparence. C'est toujours a bien des égards contre l'illusion des sensations et plus précisément contre la naïveté de l'impression optique que cherche à s'ériger ce que l'on appelle la science, qui serait science de l'invisible et du caché ainsi que le pense Bachelard, qui écrit : « Pourquoi n'accepterions nous pas de poser l'abstraction comme la démarche normale et féconde de l'esprit scientifique ? » La description serait une espèce de moment de genèse, mais aussi d'état de jeunesse des disciplines récentes comme la nôtre, incapables d'accéder encore à la maturité d'une véritable explication. Et lorsque des hypothèses enfin théoriques arrivent à se constituer au sein de ces disciplines — toujours par substitution du général au particulier (Aristote : « il n'y a de science que du général »), de l'invisible au visible, c'est en discréditant la description.

Le statut de l'écriture descriptive reste, dans ces conditions, problématique. Il me parait analogue au statut de l'écriture narrative au sein d'un texte argumentatif. La narration ne s'y sent pas vraiment chez elle, car elle y est toujours un peu considérée comme une servante de l'explication. Elle occupe une position hiérarchiquement inférieure, comparable, somme toute, à la description par rapport à la narration lorsque le texte, cette fois, se présente, comme un récit. La narration est inféodée à l'explication (scientifique) comme la description se trouve employée au service de la narration (romanesque). De même que dans le récit, la description est un moment permettant de préparer ce que tout le monde attend (l'action dramatique), de même dans l'explication, la narration est là pour faire parvenir le lecteur à ce qui est seul considéré comme digne d'intérêt et de respectabilité : démontrer.

Décrire est un verbe transitif : on décrit un paysage pour raconter. Raconter est également un verbe transitif : on raconte une histoire pour expliquer. Le récit n'a dans ces conditions aucune dignité scientifique. Et que dire alors de la description ? Pourvoyeuse d'informations, elle a tout au plus une fonction d'illustration, jamais d'explication. « Le texte scientifique proprement dit », ainsi que l'écrit Jeanne Favret-Saada, « est consacré aux résultats du décodage opéré par l'ethnographe » (1994, p. 53), renvoyant tout ce qui a pourtant permis d'y accéder dans la quasi-illégalité d'un hors-texte qui risque de séjourner longtemps dans les marges de la science.

2. L'ACTUALITÉ DE LA DESCRIPTION, TEXTE PARTICULARISANT, ET LE SCEPTICISME À L'ÉGARD DE L'EXPLICATION, DISCOURS GÉNÉRALISANT

Les conséquences d'une telle position, dans son mépris arrogant du particulier et du concret, c'est de restabiliser par généralisation tout ce qu'avait contribué à déstabiliser la description ethnographique, c'est de réintroduire, par la bande, de l'ethnocentrisme et du normatif. Par ailleurs la théorie — qui cherche à comprendre le réel en le démontrant, en le réduisant à une série limitée de systèmes intelligibles et à parvenir au point de vue des points de vue — n'est peut-être pas toujours très lucide sur elle-même. En admettant même que l'explication explique ce qui n'est pas elle, elle a tendance, par autoréférentialité, à se méconnaître. Lorsqu'elle se réfléchit, c'est souvent au sens optique de la réfraction ainsi que de la reproduction. Peu de chercheurs ont le courage de Lévy-Bruhl. Ce dernier construit toute son œuvre sur la distinction théorique de la « pensée primitive » et de la « pensée logique », et à la fin de sa vie, dans ses *Carnets*, il nous dit : Je me suis trompé du tout au tout.

Nous vivons actuellement en Occident une époque de crise qui n'a pas que des inconvénients. Nous sommes devenus sceptiques à l'égard des prétentions des métalangages et de ce que Wittgenstein appelle « les superconcepts ». Un nombre de chercheurs de plus en plus nombreux ont entrepris de s'interroger sur les conditions de production de leurs propres recherches et de porter une attention toute particulière au récit. Contre la vanité du savoir, la description qui, elle, faisant vœu de pauvreté, a décidé de s'en tenir au voir, est l'objet d'un regain d'actualité. Il convient de reconnaître que les discours théoriques ont pris un sérieux coup de vieux. Les spéculations fonctionnalistes de Malinowski ne présentent plus aucun intérêt aujourd'hui alors que *Les Argonautes* et *Les Jardins de Corail* demeurent parmi les grands livres d'apprentissage de l'ethnologie, et si l'on continue à lire Margaret Mead, c'est, en dépit de la théorie culturaliste, pour ses descriptions vivantes et précises des hommes, des femmes et des enfants de Bali et de Samoa. Il y a une vingtaine d'années encore, l'immense majorité des anthropologues était peu ou prou « structuraliste » ou « structuralo-marxiste ». Que retiendrons-nous dans quelques années de l'œuvre de Lévi-Strauss, alors que ses textes les plus théoriques ont déjà singulièrement vieillis ? À mon avis *Tristes Tropiques, La Pensée sauvage*, les descriptions photographiques des villages du Mato-Grosso ou encore la *Leçon inaugurale au Collège de France* dans laquelle l'anthropologue commence son exposé par un « hommage » à la « pensée superstitieuse », estime que, « contre le théoricien, l'observateur doit avoir le dernier mot ; et contre l'observateur, l'indigène », et termine en insistant sur tout ce qu'il doit à ces Indiens du Brésil par rapport auxquels il se considère comme un « élève ».

Montrer et démontrer

Ce n'est pas l'anthropologie qui est fondatrice de l'ethnographie, mais l'inverse, à tel point que certains des maîtres de notre discipline (je pense en particulier à

Boas) considèrent que toute synthèse est toujours prématurée, et que beaucoup de ceux qui, dans la période contemporaine, ont le plus contribué à renouveler la recherche, y compris la recherche théorique — James Clifford aux États-Unis, Jeanne Favret-Saada en France —, préfèrent se qualifier d'« ethnographes ». Nous devons enfin rappeler ici que la description ethnographique, qui consiste à présenter plus qu'à représenter, ne se limite pas seulement à sa modalité textuelle. Elle est à l'œuvre dans l'un des domaines aujourd'hui en pleine expansion de notre discipline : le domaine de la muséographie, qui est une activité de conservation, d'exposition et de restitution.

S'il convient de réintroduire la vision dans une démarche (la science) qui se construit contre elle — ainsi que nous y engagent des pionniers comme Diderot, Malinowski, Merleau-Ponty — et de redonner toute sa légitimité à l'activité qui consiste à montrer et pas seulement à démontrer, c'est que les ritualités que nous observons, les événements inattendus qui nous arrivent sur le terrain et dont nous ressentons jusque dans notre corps les vibrations, les descriptions que nous élaborons et les récits que nous racontons ainsi que les expositions que nous présentons dans le cadre notamment des musées d'ethnographie n'ont pas d'équivalents théoriques. « Essayez de vous tracer l'image d'un arbre en général, écrit Jean-Jacques Rousseau, jamais vous n'en viendrez à bout, malgré vous il faudra le voir petit ou grand, rare ou touffu, clair ou foncé. » La description est indifférente aux idées générales. C'est une pensée « sous le rapport de la capacité émotionnelle, non plus conceptuelle », comme le dit Pierre Klossowski de Nietzsche. Son questionnement permanent, toujours orienté vers ce qui particularise, est physique, et non pas métaphysique. Déstabilisant les prétentions de la pensée explicative qui vise à contrôler la multitude des détails et cherche à les dissoudre dans l'unité du concept, le discours descriptif mérite d'être considéré pour lui-même, dans son autonomie, et non comme un obstacle ou, dans le meilleur des cas, une escale dans l'itinéraire qui conduirait à la science.

Ce dernier point, certes, ne va pas de soi. Peut-il exister une ethnologie qui serait exclusivement descriptive ? Un chercheur comme Boas, par son attitude résolument antithéorique, n'a-t-il pas engagé notre discipline dans une impasse ? Bref, à vouloir nier ou ignorer le spéculatif, n'est-on pas condamné au spéculaire ?

3. La leçon de Wittgenstein : les spéculations explicatives et la méthode descriptive

Pour tenter de répondre à ces différentes questions, il me semble que nous avons besoin d'une méditation, et elle nous est fournie par la réflexion de Wittgenstein qui constitue une contribution inestimable, non pas tant à l'analyse du langage en général qu'aux conditions même de production du texte descriptif (ethnographie) et explicatif (anthropologie). Reconsidérant tout ce qu'il avait établi dans sa jeunesse, Wittgenstein écrit : « moi aussi je croyais que l'analyse devait mettre au jour des choses cachées » et dit de lui qu'il est devenu « un peintre », et « souvent », ajoute-t-il, « un très mauvais peintre ». Pourquoi devons-nous résister de toutes nos forces à la tentation explicative et nous en tenir à une tâche infiniment plus modeste, mais aussi beaucoup plus délicate et exigeante : la description ? D'une part la science, par ses théories explicatives, n'accède nullement à un degré supérieur de la connaissance. L'explication causale notamment — cf. l'étude de Wittgenstein (1982) sur *Le Rameau d'or* de Frazer — n'ajoute rien à notre compréhension d'une culture qui nous est étrangère, mais consiste seulement à substituer un mythe à un autre. L'explication ne fait qu'entretenir l'illusion qu'il est possible de dégager des lois. Bref les théories scientifiques sont « des hypothèses superflues qui n'expliquent rien » (1982, p. 25) et reproduisent sous une autre forme de la « magie » et de la « superstition ». Par ailleurs, tout n'est pas susceptible de recevoir une explication. « Les savants qui voudraient toujours avoir une théorie ! ! ! » (1982, p. 36) sont dans l'incapacité de comprendre qu'il existe du hasard, de l'absurdité, du non-sens, que des êtres humains ou des groupes sociaux peuvent agir comme ils le font « sans raison particulière (« *So handeln sie eben* », écrit Wittgenstein).

La méthode ne peut consister, dans ces conditions, que dans une « pure description » qui seule nous permet d'échapper à la « magie » et à la « superstition » qui doivent être recherchées là où elles se constituent : au cœur même du langage. Plus nous allons dans le sens d'une généralisation explicative, plus ce que nous croyons éclairer en fait s'obscurcit. Le problème majeur auquel sont confrontées les sciences sociales et notamment l'anthropologie réside, pour Wittgenstein, dans l'incompréhension de la « logique de notre langage » qui doit être « clarifiée » non par des explications, mais par des descriptions précises de cette logique.

Tel est le sens de ces nombreuses propositions qui ponctuent toute la seconde partie de l'œuvre de Wittgenstein (« Nous désirons la description, non l'explication », « Ne pensez pas, mais regardez », « Contente-toi de peindre ce que tu vois »). La description, c'est d'abord la description du langage et particulièrement des mauvais tours qu'il ne cesse de nous jouer. « Vous devez regarder la pratique du langage, alors vous la voyez » (*Fiches*, § 501).

« Nous attendons — à tort — une explication, alors que c'est une description qui est la solution de la difficulté, pour peu que nous lui donnions le rang qui convient dans la hiérarchie de nos considérations. Pour peu que nous nous attardions en elle, et que nous n'essayions pas d'aller au-delà » (Wittgenstein, Fiches, § 314).

« Puisque tout est étalé sous nos yeux, il n'y a rien à expliquer. Car ce qui est caché, par exemple, ne nous intéresse pas […] Notre erreur est de rechercher une explication là où nous devrions concevoir les faits en tant que "phénomènes originels". Là où nous devrions dire : tel ou tel jeu de langage se joue. Ce n'est pas de l'explication d'un tel jeu de langage par nos expériences vécues qu'il s'agit, mais de la constatation du jeu de langage » (Wittgenstein, Investigations philosophiques, § 654-655).

« Vous voulez des explications au lieu de vouloir des descriptions. Et par conséquent, vous faites fausse route » (Wittgenstein, Manuscrits, n° 155).

4. Le mouvement d'aller du voir au savoir et de retour du savoir au voir

L'une des leçons que nous pouvons tirer de la lecture de Wittgenstein (qui n'a cessé d'accompagner la rédaction de ce petit livre), c'est que tout en croyant seulement enregistrer des faits, nous produisons également des formes. Voir n'est pas recevoir et écrire n'est pas transcrire. Il n'y a de connaissance et tout particulièrement de connaissance scientifique qu'à partir d'un travail de mise en relation — « faire voir les connexions », comme le dit Wittgenstein — et la description ne consiste pas à collecter et à énoncer les termes de la collection, mais dans **une activité de transformation du visible**.

Il n'est pas possible de dissocier le processus de constitution d'un objet qui s'effectue à travers la description — qui est aussi « description des circonstances dans lesquelles s'effectuent les observations », ainsi que nous l'a appris Malinowski — et celui de sa compréhension, c'est-à-dire de la signification de ce que l'on observe. C'est peut-être dommage, mais il n'y a pas de moyen de départager vraiment l'énonciation des faits et l'interprétation du sens ni d'indiquer clairement si la théorie se situe plutôt en amont ou en aval de la recherche. Dans *Les Argonautes*, Malinowski parle d'« une observation vraie, neutre, impartiale », mais dans *Une théorie scientifique de la culture*, il écrit qu'« observer, c'est choisir, c'est classer, c'est isoler en fonction de la théorie ». *Les Cérémonies du Naven* de Bateson (1986) qui a, notons-le, comme sous-titre *Les Problèmes posés par la description sous trois rapports d'une tribu de Nouvelle-Guinée* est un livre très révélateur à cet égard. La majeure partie du texte s'attache à examiner les présupposés théoriques de la description des rites de travestissement des Iatmul. Bateson estime que la description qu'il a donné de ces cérémonies, loin d'être neutre, est le résultat d'une interaction entre l'observateur et l'observé qui engage elle-même une interprétation tributaire à son tour d'une option théorique. Revenant sur sa propre description des rites des Iatmul, dont il observe par ailleurs que bon nombre sont des intellectuels, il nous montre qu'elle n'était pas indépendante d'un projet théorique : la réfutation du fonctionnalisme de Malinowski, « le vieux truc téléologique », dit-il, qui consiste à nous faire croire que toute activité est commandée par une finalité.

Il est vrai que Bateson est particulièrement théoricien. Dans cet ouvrage de trois cents pages, il n'en consacre qu'une dizaine à la description proprement dite (pp. 50-61) et dans la résolution de la tension entre l'empirisme et le théorique, ce serait pour lui le second terme qui commanderait l'entrée en matière et garderait le mot de la fin.

On peut aussi concevoir les choses d'une manière rigoureusement inverse et rappeler notamment que ce qui fonde la légitimité du savoir anthropologique, c'est le voir, le témoignage oculaire, non la surveillance théorique, mais la présence scopique du chercheur sur le terrain. La description, loin d'être le degré zéro de la connaissance, serait ce qui seul permet son élaboration. Au cours de nos séjours et plus encore de nos retours sur le terrain, nous nous trouvons en fait confrontés à une série de mouvements de va-et-vient auxquels il ne peut être mis un terme : entre l'observation et l'explication, le sensible et l'intelligible, le concret et l'abstrait. Si l'on cherche à décrire ce que l'on voit, c'est pour savoir, mais ce savoir doit en permanence retourner au voir, si l'on veut éviter les risques d'une forme sournoise d'ethnocentrisme occidentalisant : le logocentrisme et le graphocentrisme.

La description comme activité dialogique

Ce qu'il convient de préconiser, me semble-t-il, c'est une autonomie relative de la description et de la conception empêchant toute absorption d'un terme par l'autre. L'activité anthropologique est une activité dialogique qui ne vise pas davantage à épouser le point de vue de l'autre qu'à convertir ce dernier à soi. Or le dialogue ne va pas sans affrontement, sans conflits avec nos partenaires « indigènes », voire à l'intérieur de chacun de nous entre le regard confiant de l'ethnographe et les catégories d'analyse suspicieuses de l'anthropologue. Un « point de vue a tendance à s'imposer comme étant le seul possible » écrit Wittgenstein (1982, p. 52) alors que « chaque point de vue est d'égale importance » (p. 23). La description ethnographique n'est pas seulement une activité perceptive et linguistique qui prend telle culture pour objet, **c'est une activité qui se réforme et se reformule en permanence au contact de cette culture**, qui nous impose des résistances et nous conduit à des renoncements. Car l'ethnographe ne saurait être le porte-parole de la société qu'il étudie ni l'idéologue de sa propre société, mais l'observateur critique et vigilant des deux. S'il peut exister une tentation d'ethnographisme qui consisterait notamment à croire à l'existence d'énoncés descriptifs à l'état pur, comme si ces derniers n'avaient pas eux aussi une tendance évaluative voire prescriptive, les opérations de l'explication sont cependant beaucoup plus incertaines, pouvant aller jusqu'à créer des obstacles à la compréhension même de ce que l'on perçoit dans sa singularité.

Enfin l'étude des relations entre la description (qui n'est jamais purement descriptive) et l'explication (qui n'explique jamais tout) doit s'ouvrir à un troisième terme qui est la narration. Car d'une part la description — qui est toujours intégrée dans une temporalité narrative — est aussi discursive que toute autre forme textuelle. Par ailleurs, il se pourrait que ce soit le récit lui-même qui soit fondateur de la description, et non l'inverse. C'est ce que nous invite à penser Jeanne Favret lorsqu'elle écrit : « Relisant mes notes de terrain, j'y trouve que rien de ce qui concerne directement la sorcellerie ne se prête à la *description* ethnographique [...] Le fait empirique n'est pas autre chose qu'un procès de parole et mes notes prennent la forme d'un *récit*. Décrire la sorcellerie du Bocage, ce ne peut donc se faire qu'en revenant sur ces situations où l'on me désignait une place. Les seules preuves empiriques que je puisse fournir de l'existence de ces positions et des relations qu'elles entretiennent, ce sont des fragments de *récit*[1]. »

Nous nous trouverions donc en présence de trois processus discursifs au sein de la même discipline, ce qui nous conduirait alors à repenser l'ensemble du dispositif.

5. Visibilité et littérarité : perception du sens et élaboration des formes

Le mouvement dans lequel nous sommes engagés n'est pas seulement un mouvement de va-et-vient entre l'empirique et le théorique (qui pourrait trouver sa médiation dans le récit), mais, comme l'écrit Michel de Certeau à propos de Lafitau, « un mouvement qui va du voir à l'écrire », et qui, de l'écriture, revient au voir. Ainsi convient-il une dernière fois de tisser les liens qui lient le regard et le discours, les êtres et le langage, la visibilité et la

1. J. Favret-Saada, 1994, p. 51. C'est nous qui soulignons.

littérarité, d'« aller », selon l'expression de Michel Foucault, « à travers le langage, jusque vers le lieu où les choses et les mots se nouent ».

Dans la description ethnographique, telle qu'elle est recommandée dans tous les manuels de Mauss à Creswell et Godelier, en passant par Griaule, Maget, Mauduit, le sujet de l'énonciation est largement minimisé au profit de l'énoncé référentiel[1]. « C'est une propriété remarquable du texte ethnographique qu'y soit régulièrement occulté le sujet de l'énonciation (c'est-à-dire, l'auteur), lequel s'efface devant ce qu'il énonce de son objet », écrit Jeanne Favret (1994, p. 53) qui ajoute : « on ne voit pas comment l'ethnographe pourrait s'abstraire lui-même du récit qui fonde sa description de la sorcellerie ».

Le propre de la description ethno-graphique, c'est que ce qui est (*ethnos*) apparaît progressivement à la lumière de l'écriture (*graphè*), c'est « le fait que les paysans du Bocage m'aient contrainte à produire un certain nombre d'énoncés au même titre qu'eux » (J. Favret, 1994, p. 49), constatation à laquelle répond comme en écho la phrase fameuse de Wittgenstein : « C'est dans le langage que tout se règle. » Obsédé par le sens et le contenu, on met habituellement l'accent sur le caractère pourrait-on dire ontologique et autosuffisant de l'objet (*ethnos*), alors que ce dernier ne peut se constituer comme tel qu'**à partir du langage dans ses trois modalités ethnographique, ethnologique et anthropologique**. Il ne s'agit donc pas d'opposer ce qui serait de l'ordre de la linguistique et ce qui serait de l'ordre de l'ontologique, mais de les comprendre dans leur solidarité : l'*ethnos* et le *graphè*, la culture et l'écriture. Ensemble. Car l'ethnographie concerne tout autant ce qui est regardé et questionné que celui qui regarde et questionne.

Ce qui pose question dans cette activité, ce n'est nullement son caractère éminemment référentiel, c'est cette conception mimétique et non problématisée du lien entre le référent et le langage, c'est ce postulat d'une correspondance totale entre ces derniers. En cette extrême fin du XXe siècle, nous avons

1. « La décision de la pertinence ou de la non-pertinence des phénomènes à décrire relève du cadre conceptuel de celui qui les décrit, mais la description même des éléments choisis doit être rigoureusement semblable, qu'un ou cent anthropologues la fassent », écrit Robert Creswell (1976, p. 20).

encore tant de difficultés à renoncer au réalisme de la connaissance issu de Platon, et surtout nous demeurons fascinés par l'idée d'adéquation et d'ubiquité, cet imaginaire du positivisme qui vise à combler l'écart entre la signification et le mot qui jamais ne la signifie totalement. Comment le sens pourrait-il être recherché dans l'indifférence du langage ? La difficulté à laquelle nous sommes confrontés, c'est bien la forme du sens, cette expérience de la non-coïncidence, voire du manque et de l'absence que nous expérimentons chaque fois que nous écrivons, « l'impuissance à nommer » [étant], comme le souligne Barthes, « un bon symptôme du trouble » (1980, p. 84).

Pour comprendre la description comme question des relations multiples de l'être et du langage, il convient, pensons-nous, de revenir au point de départ de la réflexion d'Heidegger. Or que trouvons-nous ? Une phrase d'Aristote : « l'être se dit de multiples façons ». L'aventure ethnographique, qui consiste dans l'expérimentation visuelle et linguistique des différences, appelle différentes façons de dire, de lire et d'écrire, une variété de versions, le contraire même de l'univocité.

Pierre Klossowski, dans le *Bain de Diane*, précise ce rapport entre le voir et le dire : Actéon « voit parce qu'il ne peut dire ce qu'il voit : s'il pouvait dire, il cesserait de voir ». Il en va de même de l'écriture de l'ethnographe. Elle ne fixe pas la vision dans un savoir. Elle introduit le trouble dans ce qui est regardé.

BIBLIOGRAPHIE

ADAM Jean-Michel, *La Description*, Paris, PUF, « Que sais-je ? », 1993.

Histoire de la description et examen des critiques formulées à l'égard de ce genre littéraire.

ADAM Jean-Michel, BOREL Marie-Jeanne, CALAME Claude, KILANI Mondher, *Le Discours anthropologique*, Paris, Méridiens Klincksieck, 1990.

Les auteurs étudient notamment les relations entre l'ethnographie et l'élaboration textuelle. Sur la place et le statut du discours descriptif au sein de l'anthropologie, cf. pp. 21-69.

AFFERGAN Françis, *Exotisme et altérité*, Paris, PUF, 1987.

Ouvrage complexe qui pose la question des conditions de possibilité — au sens kantien — de l'observation ethnographique et de l'élaboration du texte anthropologique.

AUERBACH Erich, *Mimésis. La représentation de la réalité dans la littérature occidentale*, Paris, Tel/Gallimard, 1994.

D'Homère à Virginia Woolf, histoire d'une des tendances de la littérature comme imitation de la réalité.

BARBARAS Renaud, *La Perception*, Paris, Hatier, 1994.

Petit ouvrage très précis qui rappelle la position des différentes traditions philosophiques concernant la question de la perception : empirisme, rationalisme, « tournant bergsonien ».

BARTHES Roland, *Le Plaisir du texte*, Paris, Points-Seuil, 1973.

« Il faut affirmer le plaisir du texte contre les indifférences de la science et le puritanisme de l'analyse idéologique » (R.B.).

BARTHES Roland, *La Chambre claire. Note sur la photographie*, Paris, Cahiers du Cinéma, Gallimard/Seuil, 1980.

C'est le dernier ouvrage écrit par Roland Barthes. La photographie est considérée comme une « révolution anthropologique sans précédent » permettant notamment de poser la question de la présence irrécusable de l'image et de la relation de cette dernière au passé et à la mort.

BARTHES Roland, *Le Bruissement de la langue*, Paris, Points/Seuil, 1993.
Cf. notamment les quatre essais qui constituent le début du livre : « De la science et de la littérature », « Écrire, verbe intransitif ? », « Écrire la lecture », « Sur la lecture », pp. 11 à 59.

BATESON Gregory, *Les Cérémonies du Naven. Les problèmes posés par la description sous trois rapports d'une tribu de Nouvelle-Guinée*, Paris, Le Livre de Poche/Essais, 1986.
Publié pour la première fois en 1936, c'est un ouvrage conçu comme une expérimentation et qui demeure encore aujourd'hui insolite dans la littérature anthropologique. 1° L'objet concerne un aspect unique d'une société de Nouvelle-Guinée : les rituels de travestissement chez les Iatmul. 2° L'auteur estime que la description même des faits (pp. 50-61) n'est pas indépendante a) des conditions d'observations, b) du cadre théorique choisi.

BOAS Franz, *Race, Language and Culture*, The University of Chicago Press, 1982.
Ce livre contient soixante-deux articles écrits par le père de l'anthropologie américaine et l'un des fondateurs de la démarche ethnographique.

Cahiers Jussieu/2, Université Paris VII, *Le Mal de voir*, Paris, 10/18, 1976.

Quand le mal de vivre des Européens conduit à une perversion du voir (voyeurisme) et du savoir (confiscation de la parole des autres). Quand le regard ethnologique se fait accusateur de la civilisation dont il est lui-même issu.

CHAUMEIL Jean-Pierre, *Voir, savoir, pouvoir*, Paris, Éditions de l'EHESS, 1984.
Étude sur le chamanisme à partir d'observations menées au Pérou.

CRESWELL Robert et GODELIER Maurice (dir.), *Outils d'enquêtes et d'analyses anthropologiques*, Paris, Maspéro, 1976.
Écrit par douze anthropologues, cet ouvrage est beaucoup plus qu'un guide d'enquête. Il montre que l'ethnographie ne consiste pas seulement à recueillir des matériaux, mais à les inscrire dans un cadre théorique.

DEVEREUX Georges, *De l'angoisse à la méthode dans les sciences du comportement*, Paris, Aubier, 1980.
La prise en compte de la subjectivité du chercheur sur le terrain, non comme obstacle, mais comme condition de la connaissance scientifique. Traduit pour la première fois en France en 1967, c'est l'un des ouvrages majeurs d'épistémologie de l'observation dans les sciences sociales.

FAVRET-SAADA Jeanne, *Les Mots, la Mort, les Sorts*, Paris, Gallimard, Folio/Essais, 1994.
Étudiant en ethnographe la sorcellerie dans le Bocage, l'auteur entend « marquer sans équivoque la distance qui [la] sépare de l'anthropologie classique » : « de tous les pièges qui menacent notre travail, il en est deux dont nous avions appris à nous méfier, comme de la peste : accepter de "participer" au discours indigène, succomber aux tentations de la subjectivité. Non seulement il m'a été impossible de les éviter, mais c'est par leur moyen que j'ai élaboré l'essentiel de mon ethnographie » (p. 48).

FÉDIER François, *Regardez Voir*, Paris, Les Belles Lettres/Archimbaud, 1995.
Ouvrage rassemblant des articles consacrés à Hölderlin, Heidegger, la peinture… Cf. en particulier « Voir sous le voile de l'interprétation » consacré à Cézanne.

FLAUBERT Gustave, *Madame Bovary. Mœurs de province*, Paris, Le Livre de Poche, 1983.
L'un des plus grands textes descriptifs de l'histoire de la littérature.

FOUCAULT Michel, *Les Mots et les Choses*, Paris, Gallimard, 1969.
Livre majeur sur la constitution des sciences sociales, l'apparition (et la disparition) de l'homme dans le champ du savoir scientifique, le rapport du sensible à l'ordre du discours.

GEERTZ Clifford, *Bali. Interprétation d'une culture*, Paris, Gallimard, 1983.
C'est l'ouvrage considéré comme le plus représentatif de l'anthropologie interprétative nord-américaine contemporaine. On consultera en particulier le célèbre article « Jeu d'enfer. Notes sur le combat de coqs balinais » (pp. 162-215) qui montre comment une descente de police 1° fait passer l'ethnologue de la situation d'ailleurs (*away*) à la participation (*in*) à la vie du groupe, 2° et lui désigne un objet d'observation tout à fait privilégié pour interpréter le sens de la culture en question.

GEERTZ Clifford, « Diapositives anthropologiques », in *Communications*, n° 43, 1986, pp. 71-90.
Étude de l'écriture ethnographique qui montre, à partir de l'exemple de textes d'Evans Pritchard, le caractère éminemment littéraire de cette activité.

GENETTE Gérard, *Fiction et diction*, Paris, Le Seuil, 1991.
Texte fictionnel et texte factuel. Littérature et littérarité. Le textuel et l'extratextuel.

GOODY Jack, *La Raison graphique*, Paris, Éd. de Minuit, 1979.
Existe-t-il une manière proprement graphique de raisonner et de penser ? Quels sont les rapports entre l'écriture et la connaissance (notamment des sociétés sans écriture) ?

GRIAULE Marcel, *Méthode de l'ethnographie*, Paris, PUF, 1957.

Cours professé par Griaule dès le début de son enseignement à la Sorbonne en 1942. Étude des différentes méthodes d'observation, de l'enregistrement sonore à la photographie aérienne que l'auteur a lui-même pratiquée en tant qu'officier aviateur.

GRIAULE Marcel, *Dieu d'eau*, Paris, Le Livre de Poche/Essais, 1991.

Publié en 1948, c'est l'un des grands classiques de l'ethnologie française, écrit à partir de la toute première mission ethnographique française, la mission Dakar-Djibouti (1931-1933) menée en collaboration avec Michel Leiris. Griaule, par une conversion du regard européen, nous permet de voir l'autre dans sa spécificité. Les qualités éminemment visuelles de son style ont fait des Dogons l'un des peuples les plus visibles de toute l'ethnographie.

HAMON Philippe, *Du descriptif*, Paris, Hachette, 1993.

La spécificité du texte descriptif par rapport au texte narratif et au texte argumentatif.

JAKOBSON Roman, *Essais de linguistique générale*, Paris, Éd. de Minuit, 1994.

Jakobson, qui est l'un des fondateurs de la linguistique structurale, étudie notamment dans ce livre les relations de convergence entre la linguistique et l'anthropologie.

KANDINSKI Wassily, *Cours du Bauhaus*, Paris, Médiations/Denoël, 1984.

Introduction aux questions posées par l'art moderne. Étude des éléments constitutifs de la peinture : la couleur, la ligne, le plan…

KILANI Mondher, *L'Invention de l'autre. Essai sur le discours anthropologique*, Lausanne, Payot, 1994.

L'auteur interroge un certain nombre de figures du discours anthropologique ainsi que ses propres « reconstructions culturelles » à partir de travaux de terrain menés en Nouvelle-Guinée, en Tunisie et dans les Alpes.

KLEE Paul, *Théorie de l'art moderne*, Paris, Médiations/Denoël, 1985.

Les rapports entre l'art et la nature. La question de l'abstraction.

LABURTHE-TOLRA Philippe et WARNIER Jean-Pierre, *Ethnologie Anthropologie*, Paris, PUF, 1993.

C'est l'un des ouvrages les plus complets d'introduction à cette discipline. Une présentation très claire des différents champs (qui vont de la parenté à l'économie en passant par la politique et le religieux) ainsi que des méthodes d'investigation, qui montre que l'anthropologie nous concerne tous dans les aspects les plus concrets de notre existence.

LAPLANTINE François, *L'Anthropologie*, Paris, Petite Bibliothèque Payot, 1995.

Ce petit livre, après avoir rappelé comment s'est constitué l'anthropologie (pp. 35-98), étudie ses principales tendances contemporaines (pp. 89-144) et pose la question de sa spécificité parmi les autres disciplines des sciences sociales (pp. 145-199).

LAPLANTINE François, *De tout petits liens*, Paris, Les Mille et Une Nuits, 2003.

L'ethnographie, la littérature et le cinéma comme mode de connaissance micrologique attentif aux petites liaisons et aux minuscules graduations que l'on peut observer dans des comportements en apparence anodins.

LATOUR Bruno, *La Science en question*, Paris, Gallimard, Folio/Essais, 1995.

On estime généralement que la recherche scientifique consiste à observer des faits, puis à les rapporter et à les expliquer dans des articles, communications, ouvrages, alors que c'est le texte scientifique lui-même qui, procédant à la stabilisation des énoncés à partir d'un consensus, transforme ces énoncés en faits, les « fabrique ». Tel est l'un des thèmes (pp. 59-151) de ce livre publié en 1987 aux États-Unis, dont l'objet n'est pas l'étude des résultats de la science, mais des processus d'élaboration et de construction de l'activité scientifique.

LECLERC Gérard, *L'Observation de l'homme*, Paris, Le Seuil, 1979.

Ce livre, qui est une histoire des méthodes d'observation des groupes sociaux, s'attache aussi à poser la question de l'observation des observateurs.

LÉRY Jean de, *Histoire d'un voyage fait en la terre du Brésil*, Paris, Éd. de l'Épi, 1972.

Un missionnaire protestant bourguignon parmi les Tupinamba. Lévi-Strauss qualifie les observations, les descriptions et les réflexions contenues dans cet ouvrage, publié pour la première fois en 1578, d'« archéologie du regard ethnologique ».

LEROI-GOURHAN André, *Milieu et technique*, Paris, Albin Michel, 1992.

Description et analyse des « techniques d'acquisition » (armes, chasse, pêche, élevage, agriculture) et des « techniques de consommation » (alimentation, vêtement, habitation).

LÉVI-STRAUSS Claude, *La Pensée sauvage*, Paris, Plon, 1969.

La pensée sauvage et non la pensée des sauvages est la pensée à l'état sauvage, attribut universel de l'esprit humain. C'est le contraire d'une pensée du désordre et de la confusion. Partant d'observations maîtrisées sur le monde, les rapports entre les hommes, les animaux et les végétaux, la pensée sauvage est une pensée logique qui distingue, classe, oppose, rapproche, combine.

LÉVI-STRAUSS Claude, *Le Regard éloigné*, Paris, Plon, 1983.
La connaissance scientifique de l'homme (= l'anthropologie) implique que le regard soit dirigé vers les sociétés les plus éloignées de celles dans lesquelles est né et a grandi l'observateur.

LÉVI-STRAUSS Claude, *Tristes Tropiques*, Paris, Plon, « Terre humaine », 1984.
Pourquoi et comment devient-on ethnologue ? Quels sont les rapports entre l'ethnologie et la philosophie, l'Ancien et le Nouveau Monde, l'homme et la nature ? Quel est le sens de la civilisation occidentale lorsqu'on la regarde à partir de l'expérience des sociétés indigènes du Brésil ? Un ouvrage inclassable qui ne s'adresse pas seulement à l'intelligence mais à la sensibilité.

LÉVI-STRAUSS Claude et ÉRIBON Didier, *De près et de loin*, Paris, Odile Jacob, 1988.
L'anthropologue s'entretient de son itinéraire, explique ses relations au terrain et jette un regard rétrospectif sur son œuvre.

LÉVI-STRAUSS Claude, *Regarder écouter lire*, Paris, Plon, 1993.
La place tenue par l'art dans la connaissance de l'esprit humain. Cf. notamment « En regardant Poussin », pp. 9-40 ; « Des sons et des couleurs », pp. 127-148 ; « Regards sur les objets », pp. 151-176, ainsi que les douze dernières lignes — extrêmement surprenantes — de l'ouvrage (p. 176).

LÉVI-STRAUSS Claude, *Saudades do Brasil*, Paris, Plon, 1994.
Composé à partir de photographies prises entre 1935 et 1938, cet ouvrage — exclusivement descriptif — permet de poser la question des relations entre le texte et l'image dans la recherche ethnographique.

LE WITTA Beatrix, *Ni vue ni connue. Approche ethnographique de la culture bourgeoise*, Paris, Éd. de la MSH, 1988.
L'anthropologie a presque systématiquement privilégié l'étude des groupes les plus éloignés socialement et culturellement de l'observateur : ceux d'« en bas » ou « les autres ». Cet ouvrage est le tout premier en langue française à proposer une description ethnographique de ceux d'« en haut ». Ce qui est caractéristique de la bourgeoisie, c'est un code précis des apparences sociales, tout un système de signes relevant d'un art infini du détail qui s'exprime notamment dans les manières de parler, de manger, de s'habiller.

LOURAU René, *Le Journal de recherche*, Paris, Méridiens Klincksieck, 1988.
Les rapports du texte officiel et du hors-texte (journaux, carnets de terrain, récits biographiques…) à partir notamment d'exemples des écrits de B. Malinowski (pp. 3-54), M. Leiris (pp. 93-107), G. Condominas (pp. 133-141), J. Favret (pp. 143-152).

MAGET Marcel, *Guide d'étude directe des comportements culturels*, Paris, Éd. du CNRS, 1962.

Sur le terrain, tout doit être noté, depuis l'archéologie jusqu'à la psychologie en passant par les notations phonétiques et musicales et le dénombrement des postes de radio dans un village. Ce guide, qui entend permettre aussi bien « l'étude d'une charrue que d'un stylo », par son pointillisme et son souci d'exhaustivité, finit par donner le vertige.

MALINOWSKI Bronislaw, *Journal d'ethnographe*, Paris, Le Seuil, 1985.

Le livre le plus scandaleux de l'ethnographie. Malinowski, amoureux et malade, accablé de fatigue, combattant la dépression à l'arsenic, irrité, vociférant contre les indigènes, mais terriblement attiré par leurs femmes et leurs filles, nous dévoile l'« autre côté » du texte scientifique et nous montre ce qu'a d'« impur » ce qui permet d'y accéder.

MALINOWSKI Bronislaw, *Les Argonautes du Pacifique occidental*, Paris, Tel/Gallimard, 1993.

Le « chef-d'œuvre » de Malinowski (Lévi-Strauss) est « l'un des trois ou quatre plus grands livres de toute la littérature ethnologique » (Michel Panoff). Lire en particulier l'introduction sur les méthodes de l'ethnographie (pp. 57-82) dont Malinowski est l'un des fondateurs et la célèbre description du canoë trobriandais (pp. 164-216).

MAUSS Marcel, *Manuel d'ethnographie*, Paris, Petite Bibliothèque Payot, 1989.

Ce livre, résolument fondateur, a été écrit à partir des « Instructions d'ethnographie descriptive », c'est-à-dire de l'enseignement que Marcel Mauss a donné chaque année à l'Institut d'ethnologie de l'université de Paris, de 1926 (date de sa fondation) à 1939.

MERLEAU-PONTY Maurice, *L'Œil et l'Esprit*, Paris, Gallimard, Folio/Essais, 1988.

C'est le tout dernier texte écrit par Merleau-Ponty, lors de son séjour de plusieurs semaines au Tholonet, dans la campagne provençale marquée par les descriptions picturales de Cézanne. Il constitue l'une des meilleures introductions à une réflexion sur le voir.

MERLEAU-PONTY Maurice, *Phénoménologie de la perception*, Paris, Tel/Gallimard, 1993.

Introduction à la phénoménologie et en particulier à la dimension éminemment corporelle de la description phénoménologique.

MERLEAU-PONTY Maurice, *Le Visible et l'Invisible*, Paris, Tel/Gallimard, 1993.

Texte inachevé dans lequel Merleau-Ponty pose notamment la question des rapports entre le regard (la « foi perceptive ») et le langage.

PEREC Georges, *Penser/Classer*, Paris, Hachette, 1985.

« Que me demande-t-on, au juste ? Si je pense avant de classer ? Si je classe avant de penser ? Comment je classe ce que je pense ? Comment je pense quand je veux classer ? [...] Tellement tentant de vouloir distribuer le monde entier selon un code unique ; une loi universelle régirait l'ensemble des phénomènes : deux hémisphères, cinq continents, masculin et féminin, animal et végétal, singulier pluriel, droite gauche, quatre saisons, cinq sens, six voyelles, sept jours, douze mois, vingt-six lettres. Malheureusement ça ne marche pas, ça n'a même jamais commencé à marcher, ça ne marchera jamais » (G.P.).

PONGE Francis, *Méthodes*, Paris, Gallimard/Idées, 1989.
Ouvrage de réflexion dans lequel ce que tente l'auteur est « de l'ordre de la définition — description — œuvre d'art littéraire ». « Il n'y a pas », écrit-il, « trente six procédés pour ça : il faut enlever les explications ».

PONGE Francis, *Le Parti pris des choses*, Gallimard/Poésie, 1991.
Peut être lu comme le complément du précédent. Description de l'huître, de la bougie, du papillon, de la crevette... « Si j'ai choisi de parler de la coccinelle, c'est par dégoût des idées » (F.P.).

POTTIER Richard, *Anthropologie du mythe*, Paris, Kimé, 1994.
Le recueil ethnographique et l'étude anthropologique des mythes est l'un des domaines privilégiés de notre discipline. Dans cet ouvrage à la fois clair, complexe et original, Richard Pottier fait le point sur les grandes approches scientifiques du mythe (Freud, Lévi-Strauss, Greimas), puis nous propose une interprétation différente. À l'origine de sa réflexion, inséparable d'une expérience de terrain en Asie, il y a ce qu'il appelle « l'universelle étrangeté » des récits mythiques. Si ces derniers sont étranges, c'est parce que l'homme, qui est à la fois leur créateur et leur destinataire, est profondément divisé, tout en tentant en permanence de surmonter sa propre dualité.

SAUVAGEOT Anne, *Voirs et savoirs. Esquisse d'une sociologie du regard*, Paris, PUF, 1994.
Le regard se modifie au cours des siècles, nous montre l'auteur qui estime qu'il est possible de distinguer trois régimes différents de la perception : 1° l'Antiquité qui a inventé un modèle organique et tactile ; 2° l'ordre de la Renaissance, un modèle mécanique et optique ; 3° les sociétés contemporaines caractérisées — à travers notamment l'espace numérique et télévisuel — par un retour en force du visuel : la « revanche de la figure sur le discours ».

SICARD Monique, *L'Année 1895. L'image écartelée entre voir et savoir*, Le Plessis-Robinson, Les empêcheurs de tourner en rond, 1995.
1895 ou l'émergence de nouveaux regards : la radiographie, le cinéma, la psychanalyse.

WITTGENSTEIN Ludwig, *Remarques sur « Le Rameau d'Or » de Frazer*, Paris, L'Âge d'Homme, 1982.

Rédigé en 1931, ce petit livre est une réaction très ferme contre l'ethnocentrisme qui s'exprime notamment dans la théorie explicative de Frazer, « beaucoup plus “sauvage” que la plupart des sauvages ». Aux prétentions de l'explication, Wittgenstein oppose la méthode de la description.

WITTGENSTEIN Ludwig, *Leçons et conversations*, Paris, Gallimard, Folio/Essais, 1992.

Cf. en particulier « Notes sur une leçon extraite d'un cours sur la description », pp. 79-86, ainsi que la présentation de la pensée de Wittgenstein par Christiane Chauviré, pp. I-LIV.

Composé par Nord Compo
à Villeneuve-d'Ascq

11004582 - (II) - (1,5) - NOC - OSB 80° - BTT
Imprimé en Espagne par LIBERDÚPLEX (Barcelone)
Dépôt Légal : juillet 2005